野木村忠度 著

流通と法
〔新版〕

尚学社

はしがき

　本書の目的は，常に変化を続けている流通とそれを正しい方向性へと導く流通政策の在り方を求めることにある。流通という学問は主に商学に属し，政策は法学に属する学問であることから流通政策は学際的な領域であるといえる。流通政策において，その起源を異にすることから整合性をとることが非常に難しい。なぜならば，法は安定性（普遍性）を志向しているのに対し，流通は時代に適合するように効率性を志向し変化を続けているからである。流通政策を対象とした著作の多くは，法学を基礎にした視点で語られていることが多い。しかし，法解釈を基礎にした流通政策だけでは，流通の本質的な性格について理解が不足し，変化を続ける現実の経済活動を阻害する危険性がある。流通政策を講じるにあたっては，流通の理論を基礎にした上で，法律的なアプローチ（政策）の融合を図るべきであると考える。本書の目的は，流通論を基礎にして，その上で独占禁止法を中心とする法律的なアプローチとの整合性を図り，流通の正しい方向性を探ることにある。本書は，初版からいくつかの章を追加し，新たな章構成となっている。本書の構成は，以下のとおりである。

　第1章「流通の概念」では，流通部門の経済活動における重要性と流通という活動がどのような性格を有しているのか，を検討している。第2章「流通構造」では，流通の理論を基礎にしたうえで，流通機構がどのように構成されるかについて検討している。第3章「小売業の発展とその性格」では，流通機構を構成し強い影響力を有する小売業者を流通政策の観点から検討している。第4章「マーケティングの構造」は，製造業者の活動であるマーケティングの構造と，製造業者のチャネルに対する志向について検討したものである。第5章「垂直的マーケティング・システムと流通系列化」では，流通業者を自身のシステムに加えマーケティング効率を向上させようと試みる垂直的マーケティング・

システムとその日本版といえる流通系列化について検討している。第6章「流通政策①──競争政策」では，流通政策の基本的構造と，競争政策の基盤を提供する独占禁止法について検討をしている。第7章「流通・取引慣行ガイドラインと垂直的制限へのアプローチ」では，独占禁止法の流通分野におけるルール・ブックともいえる流通・取引慣行ガイドライン及びその主な対象となる垂直的制限に関する理論を中心に検討をしている。第8章「流通政策②──流通振興政策・流通調整政策・まちづくり政策・消費者保護政策」では，競争政策以外の流通政策の概要を検討している。第9章「流通政策の現代的課題──コンビニ規制と流通政策」では，今日のコンビニエンス業界をめぐる問題について流通政策がどのようにアプローチすべきか，を検討してるものである。また，巻末には，本書の内容の理解を補助するために付録として，付録1「流通・取引慣行に関する独占禁止法上の指針」，付録2「フランチャイズ・システムに関する独占禁止法上の考え方について」があるので第7章，第9章と並行して読まれたい。

　本書が，商学部，経営学部，法学部の大学生だけでなく，流通に関わる多くの人に読まれ，今日の流通政策について問題意識を持つ一助となれれば望外の幸せである。

　本書は，多くの人に支えられて出版することができた。まず，感謝を伝えたいのは指導教授の猿渡敏公先生（明治大学教授）である。私が研究者への道に進むことができたのは猿渡先生の指導に他ならない。猿渡先生には研究指導だけでなく，人として在るべき姿勢についても指導していただいた。また，斉藤保昭先生（元・淑徳大学教授），長谷川博先生（千葉商科大学教授）にも公私にわたって多くの助言をいただいたことに謝意を表したい。

　本書の出版を支えてくれた尚学社の苧野圭太社長，創業者の吉田俊吾氏にも感謝を伝えたい。いろいろな事情が重なり出版が大きく遅れてしまったが，それを許していただいた。大変な編集作業を引き受けていただき，このように研究成果を出版することができたことに心よりお礼を申し上げたい。

本書は 2016 年末の企画段階においては，独占禁止法の研究者であった父と駆け出しの流通政策論の研究者である私が，共著として出版をする予定であった。これは，父と同じ研究者という道を志した大学院生の頃からの夢であり，そのことを父も楽しみしてくれていた。しかし，残念なことに父は急逝してしまい，本書の出版を共に喜ぶことができなかった。息子として，志を共にした研究者として，このことが心残りであった。父からは大きな慈しみを与えてもらっただけでなく，学者としての生き方を学んだ。野木村忠邦を父にもてたことを誇りに思う。本書を父の墓前に捧げ本書の完成を報告するとともに，母・和栄，妻・英里，長男・律に日頃の感謝を伝えたい。

2021年3月

野木村忠度

目　次

流通と法

第1章　流通の概念

1-1　流通とは何か

　経済活動は，生産部門・流通部門・消費部門から構成されている。生産部門においては，主に企業が資本と労働を投入し，価値が内包された財・サービスを創出している。一方，消費部門では生産部門で創出された財・サービスに対し個人や家族が貨幣を支払うことで取得し，これを消費している。この生産部門と消費部門の活動を繋いでいるのが流通部門である。流通部門は，生産部門と消費部門の間に在り，財・サービスと貨幣の移転の橋渡しを行っている。つまり，流通とは，生産と消費を繋ぐ経済活動といえる。この流通という経済活動がなければ今日のような市場経済は成立しない。

　市場経済において，消費者は他者が消費する財・サービスを創出するために自身の労働力を提供し，その対価として他者が生産した財・サービスと交換することが可能となる貨幣を獲得している。また一方で，消費者は，自身の持つ貨幣と見知らぬ他者が生産した財・サービスを交換・消費して生活を送っている。

　この事象をマクロ的に見てみると，生産部門において創出される財・サービスは生産者自身が消費するために生産しているのではなく，他者の持つ貨幣と交換するために生産されていることがわかる。また，その財・サービスは消費部門において提供される労働力によって創出されており，生産部門は消費部門

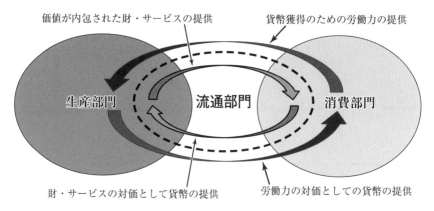

図1-1　経済における流通部門の役割

価値が内包された財・サービスの提供

貨幣獲得のための労働力の提供

生産部門

流通部門

消費部門

財・サービスの対価として貨幣の提供

労働力の対価としての貨幣の提供

から得た財・サービスの対価の中から，消費部門から提供される労働力に対して貨幣を支払っている。他方，消費部門においては，貨幣の獲得を目的に自身の労働力を生産部門に提供し，その対価として得た貨幣で生産部門から価値が内包された財・サービスを獲得し消費している。このように，市場経済において，生産部門と消費部門は完全に分離していることがわかる。このことは，生産部門から消費部門に対して財・サービスが提供されなかったり，逆に消費部門から生産部門に対して財・サービスへの対価としての貨幣が提供されない状況が生じた場合，市場経済が機能不全に陥ることを意味する。流通部門は生産部門と消費部門における財・サービスと貨幣の交換を円滑にすることで，市場経済を循環させる重要な役割を担っている。

1-2　生産部門と消費部門の分離

　生産部門と消費部門の分離は，突如として発生したわけではない。その背景には，分業の発生・拡大とそれに伴う交換（取引）の出現・拡大がある。原始的な生活が行われていた時代においては，人類は生産に関する十分な技術を持ち合わせず，自然界にある動物の狩猟や果物の採取などに依存し，その生活は不

安定なものであった。人類は進化の過程で生活を安定化させるために，農耕や牧畜といった新たな技術を修得し，またそれに伴う道具を生産する方法を手に入れた。しかし，まだこの段階においても未だ生産量は高くなく，生産の目的は自給自足に置かれていた。人類が自給自足を目的とした生産から離脱するには，生産性を大幅に向上させる分業という生産方式の導入が必要であった。分業は，人類の定住化と家族を中心とした集団の共同生活の中で自然発生的に出現した。人類は，定住化することによって居住地域の特性に合わせた生産技術を発展・熟練させることが可能となった。また，集団の共同生活は集団を構成するメンバーが何らかの特定の生産に専従することで熟練度を高め，生産性は大きく向上したのである。人類の定住化と集団の共同生活によって分業が発生し，成熟化したことで生産性は急激に向上した。その生産性が一定の段階に到達すると，集団の共同生活に必要な生産量を超える。この分業によってもたらされた余剰となる生産物を余剰生産物といい，この余剰生産物の出現によって市場経済が始まった。なぜならば，人類はより豊かな生活を求めて，この余剰生産物を用いた物々交換という経済活動をはじめたからである。初期の物々交換においては，近隣の他の集団によって生産されているが，自身では生産することができない余剰生産物との交換が行われていた。物々交換の拡大によって，人類は分業による余剰生産物の生産量の増加を図るようになった。つまり，生産が自身の消費のためではなく，他者が生産する余剰生産物の獲得という目的に変化していったのである。

　しかし，物々交換には，地理的にも条件的にも取引の成立を妨げる多くの制約が存在した。交換を円滑に成立させるには，①交換当事者間において各々の交換物の価値が相互に一致するのか（価値の統一困難性），②交換当事者間において交換を行う欲求が時間的に一致するか（時間的制約性），③交換当事者が計画的に交換する相手を見つけ出すことが可能か（偶然性），といった制約を解消する必要がある。しかし，物々交換は，これらの制約を解消することができず限定的な範囲内でしか行われなかったことから，人類の経済活動には大きなインパクトを与えるには至らなかった。

人類は，生活を豊かにするために交換の拡大を制約している条件を解放する2つの装置を開発した。まず，人類は物々交換の制約を解放するために第1の装置として貨幣を発明した。貨幣には，(a)貨幣という統一した基準を作り出し，その基準を基礎にして物の価値を測るという価値尺度機能，(b)劣化しにくく，安定して価値が内蔵されるという価値保存機能，(c)統一した基準となる貨幣を媒介することで当事者間の余剰生産物の価値を一致させる必要がなく取引を可能にする価値交換機能，が内包されている。貨幣の出現によって，交換を制約する①価値の統一困難性と②時間的制約性は解消された。貨幣により制約の2つが解放されたことで，交換（取引）が活発に行われる基礎が提供されたのである。

　次に，人類は残されている交換（取引）を制約する③偶然性を解消するために，"市場"という第2の装置を発明した。この市場は，偶然性を解消するだけではなく，交換の範囲を拡大させ，貨幣と同じく人類の経済活動に大きなインパクトを与えた。もちろん，物々交換の時から小規模ながら市場は存在していたことから，市場は自然発生的に出現したともいえる。しかし，先述した交換の制約条件により物々交換では取引が円滑に行われることが困難であり，その際の市場は偶発的に開催されていたに過ぎない。貨幣を媒介した交換（貨幣取引）が導入されたことで，進歩した生産技術によって増加する余剰生産物の交換を活発に行うことが可能となった。また生産技術が進歩したことで，市場に生産物が安定的に供給されることで定期的に市場が開催することが可能となった。市場は余剰生産物の安定的な供給先となり，交換の制約となっていた③偶然性を解消したのである。この市場の発展・拡大は，交換に専門的に従事する商業者（流通業者）を生み出すこととなった。

　人類はより豊かな生活を求めて，分業によって生産された余剰生産物を近隣の集団で生産された余剰生産物と交換し，その範囲を開放するために貨幣と市場を発明した。つまり，人々の豊かさへの追求が，生産と消費の分離を拡大していったとえいえる。交換を制約するものから解放し人類の経済活動に大きなインパクトを与えた貨幣と市場という装置は，人々の生産の目的を他者の余剰生産物の獲得から貨幣の獲得に変化させていき，より多くの貨幣を獲得するた

めに生産力の増大に労働力が集中するように市場経済の基礎を提供したのであった。

　しかしながら，急速に生産と消費は分離し今日のような市場経済を形成していった訳ではない。詳細は**第2章〜第4章**で後述するが，生産技術の発展に伴う生産量の増大は産業革命がおこるまで時間を要し，脆弱なものであった。そのことに付随し，消費部門及び流通部門は限定的な規模に留まっていた。今日のような市場経済が成立するには，生産技術の発展，それに伴う消費部門と流通部門の発展が必要であった。

1-3　生産部門・消費部門・流通部門の志向

　先述したように，経済活動は，生産部門，消費部門，流通部門によって構成されている。生産部門を担う生産者（製造業者），消費部門を担う消費者，流通部門を担う商業者（流通業者）は各々異なる志向を有している。

　生産者とは，継続的に価値が内包された財・サービスを生産する主体である。生産者の特徴は，生産の専門化と大規模化にある。生産の専門性とは，生産者は多様なモノを自身の資本や技術を分散して生産することに注力することなく，合理的・効率的に生産できる限定的な種類の製品の生産に自身の資本や技術を集中することをいう（少品種・大量生産）。次に生産の大規模化とは，生産者は利益を拡大するために資本を調達し生産技術の向上を図り，生産の規模を拡大しようとする。つまり，生産を大規模化することで，生産コストを下げることが可能となり，広範囲の消費者に製品を提供する事が可能となる。これら生産者の特徴は，共通していることは効率を志向している点にある。また，本書は流通政策という流通経済論，マーケティング論，独占禁止法という学際的な要素を含んでいることから，生産部門を担う事業者をどのような表記にするかの困難性に直面する。本書の目的が，主に流通と独占禁止法の学際的な問題に関心を置いていることと，読者の混乱を避けることを目的に特別の場合を除いて生産部門を担う主体を以後は製造業者として統一して表記する。

消費者とは，製造業者が生産し価値が内包された製品を最終的に消費する主体である。また，同時に多くの消費者は自身の労働力を生産部門に提供し貨幣を獲得する主体である。消費者は自身の生活を維持・向上させるために，獲得した貨幣を使用し，財・サービスに内包された価値を消費する。消費者の特徴は消費の多様性と小規模性にある（多品種・少量消費）。消費の多様性とは，消費者は自身の生活の向上のために消費を行っているのであり，生活の向上を図るには多様な製品を必要としている。次に，消費の小規模性とは，消費の単位は多くの場合において個人もしくは家族になる。生産と比較して個別の消費の量は圧倒的に少量である。この消費者の特徴に共通していることは効用（満足）を志向している点にある。

　商業者（流通業者）は，製造業者から製品（商品）を購入し，主に消費者に対し再販売を行う主体である。商業者は，市場に散在する製造業者と消費者の探索，製造業者と消費者間の売買条件の調整，消費者への販売といった活動を行っている。もし製造業者と消費者が直接に取引（直接流通）をする場合には相互に相手を探索する必要が生じ，取引条件などの調整などの流通にかかるコストを負担しなくてはならない。商業者が両者の間を仲介し，これらの作業を商業者に委ねることで製造業者と消費者はこれらの流通にかかるコストから解放されることになる。商業者を介する取引が，製造業者と消費者にとって自身の活動に専従しやすくなる環境を整備することから商業者を介した流通（間接流通）が行われる。商業者の特徴は，多数の製造業者から製品を購入し消費者に販売するという購入・再販売活動を行っている点にある。商業者は効果を志向する消費者に再販売することを目的に，効率を志向する多くの製造業者から製品を仕入れ多様な品揃えを行うのである。この商業者の活動を「社会的品揃え形成活動」という。商業者（流通業者）は個々の製造業者が効率を志向して生産した製品を買い集め，一方で消費者は自身の生活の満足（効果）を上げるために財の組み換え活動を行っていることから，双方の活動を調整する必要がある。多様な製品の品揃えをするという性格を有することから，商業者は特定の製造業者のみとの関係性を強めることは基本的にない。そのような意味で，商業者の特徴とし

て特定の製造業者から制約を受けることなく製品を仕入れ，消費者に販売するという「商業の社会性（商品売買の商業者への集中）」を志向している点を挙げることができる。また，流通部門の役割を担う者として流通業者と商業者の2つの表現があることに触れる必要がある。基本的に両者の違いは，売買取引の側面から流通部門においてその生産と消費を繋ぐ役割を担う事業者を商業者と呼び，広く交換の側面からその役割を担う事業者を捉えるときに流通業者と呼ぶ。前述したように本書の重きは流通と独占禁止法の学際的な問題を対象としていることから，また読者の混乱を避けることを目的に，特別な場合を除き生産と消費を繋ぐ流通部門の主体を一般的に使用されている流通業者として以後は統一して表記する。それに伴って，流通業者によって製品は商品として扱われることから，以後は商品に統一して表記する。

1-4　生産と消費の懸隔
——何が生産と消費を分離しているのか

　貨幣と市場の出現によって生産と消費は決定的に分離し，その分離は生産技術の発展などによってギャップは更に拡大した。この分離によって生じた生産と消費のギャップを懸隔という。

　今日，私たちは生産と消費の間にある懸隔を存在について知らなくとも豊かな生活を享受することができる。それは流通という活動が，生産と消費の間にある懸隔を架橋し，機能的な活動が滞りなく行われていることを意味している。本節では，流通が機能していることで，普段の生活では認識されない生産と消費の懸隔の種類について検討する。

　生産と消費の分離によって生じる懸隔には，所有権の懸隔，場所の懸隔，時間の懸隔，価値の懸隔，情報の懸隔がある。

⑴　所有権の懸隔
　所有権の懸隔とは，分業によって製品の製造業者と消費者が異なることによ

って生じるギャップである。所有権とはモノを自由に販売したり，消費・使用する権利のことを意味し，生産時における所有権の保持者は製造業者にある。消費者は所有権を得ることによって消費する権利を行使することが可能となる。モノの権利を行使するには所有権を有することが必要となることから，生産された時点で所有権を有する製造業者と，所有権を得て消費する消費者とを結び付ける必要がある。また，製造業者と消費者の相互の探索と所有権の移転交渉が困難である場合，所有権の懸隔が円滑な流通の妨げとなる。

(2) 場所の懸隔

　場所の懸隔とは，生産物が生産される場所と，消費される場所が異なることから生じるギャップである。生産は農産物であれば風土に合わせ生産され，商品であれば原材料の入手や生産環境が有利に働く場所によって生産されることから，自身の生産にとって効率的な地方の生産拠点で集中して行われる傾向がある。一方，消費は貨幣獲得の機会の多い都市近郊に集中する傾向がある。以上の理由から，生産と消費の場所は殆ど多くの場合に必然的に離れることになる。生産と消費を地理的に繋ぐ技術がない場合，場所の懸隔が円滑な流通の妨げとなる。

(3) 時間の懸隔

　時間の懸隔とは，生産された時点と消費される時点に生じる時間的なギャップである。商品はその性質から価値が劣化するのに時間的な猶予があるが，農業生産物の場合は工業生産物と比較すると価値の劣化は急速である。また生産量を安定化させることは困難であることから，現代のように物流技術や保存技術が十分に進化していない場合，時間の懸隔が円滑な流通の妨げとなる。

(4) 価値の懸隔

　価値の懸隔とは，価値を生産している製造業者と価値を消費している消費者の間に生じる認識のギャップである。製造業者は，貨幣の獲得を期待して労力

や資本を投入して商品を生産するが，消費者は自身の貨幣を犠牲にしてその商品を購入している。当事者間の価値の認識のギャップが埋まらない場合，価値の懸隔が円滑な流通の妨げとなる。

⑸　情報の懸隔

　情報の懸隔は，製造業者と消費者が相互についての情報を持っていないことから生じるギャップである。つまり，製造業者は無数の消費者がどのような選好を持っているかなどの情報を有しておらず，消費者も製造業者がどのように商品を生産しているかなどの情報を有していない。この情報のギャップが埋まらない場合，情報の懸隔が円滑な流通の妨げとなる。

　以上，生産と消費の間にある懸隔を検討してきたが，この5つの懸隔を解消しない限り，市場経済は機能せず円滑な流通は望めない。この懸隔を解消するためには，流通フローと流通機能が必要となる。

1-5　流通フローと流通機能

　今日，生産と消費の分離によって生じる懸隔があるにも関わらず流通が有効に作用しているのは，流通業者が各懸隔に対応した流通フローを生産と消費の間に循環させているからである。つまり，生産と消費の間にある懸隔を流通という架空の橋で繋ぎ，その橋の上で流通フローが移動しているといえる。流通フローは，所有権の移動（商流），財の移動（物流），情報の移動（情報流），貨幣の移動（資金流）から構成されている。商流（商的流通）は商品の所有権の移転の役割を担い，物流（物的流通）は製品の物理的移転の役割を担い，情報流（情報的流通）は情報の移転の役割を担うことで生産と消費の懸隔が埋まる。また資金流は円滑に流通フローが循環することを補助的に支援する役割を担うことによって他の流通フローを支援し，流通活動を活発化させている。

　これら流通フローを循環させるには流通業者が流通機能を保有・遂行する必

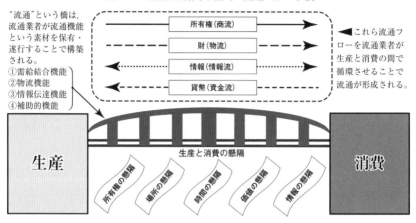

図1-2　生産と消費を繋ぐ"流通"という橋

"流通"という橋は，流通業者が流通機能という素材を保有・遂行することで構築される。
①需給結合機能
②物流機能
③情報伝達機能
④補助的機能

所有権（商流）
財（物流）
情報（情報流）
貨幣（資金流）

これら流通フローを流通業者が生産と消費の間で循環させることで流通が形成される。

生産

生産と消費の懸隔

消費

所有権の懸隔　場所の懸隔　時間の懸隔　価値の懸隔　情報の懸隔

要がある。流通機能には，①商流を有効に作用させる需給結合機能：流通業者が売買取引を通じて所有権の円滑な移転と，製造業者と消費者の価値の懸隔を埋めることを支援する機能，②物流を有効に作用させる物流機能：流通業者が輸送技術・保管技術を用いて，財（商品）の円滑な空間的・時間的の移転を支援する機能，③情報流を有効にさせる情報伝達機能：流通が様々なデータを収集・蓄積することで，情報の移転を支援する機能，④資金流を有効に作用させる補助的機能：流通が所有権の移転と物的な移転から生じる様々なリスク（紛失や減損）を金融や危険負担といった方法で側面的に支援する機能の4種類がある。これら流通機能が流通業者によって保有・遂行されることによって生産と消費の懸隔は架橋される。

1-6　商業の存立根拠

　流通業者の基本的な活動は，多くの製造業者から商品を買い集めるという社会的品揃え形成活動にある。社会的品揃え形成活動は流通業者が再販売を目的に多くの製造業者から商品を買い集める活動である。その収集された商品は，

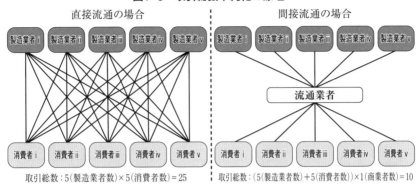

図1-3 取引総数単純化の原理

直接流通の場合　　　　　　　　　　間接流通の場合

取引総数：5（製造業者数）×5（消費者数）＝25　　取引総数：（5（製造業者数）＋5（消費者数））×1（商業者数）＝10

多くの場合に製造業者－消費者という直接流通ではなく，製造業者－流通業者－消費者という流通業者を介在した間接流通が選択されている。これは，流通業者を介在させることによって，本来的に生産から消費までに生じるコスト（流通コスト）を，流通業者が集中的に流通機能を担うことで社会的に削減することが可能になるからである。つまり，この流通コストを削減することが，流通業者が存立する根拠といえる。このことを通常「商業の存立根拠」という。流通業者に商品の売買が集中することで流通コストが削減される理由は，以下のものを挙げることができる。

⑴　取引総数単純化の原理

　この原理は，流通業者に売買の集中がなされることで市場における総取引数が減少し，取引毎に伴う流通コストを社会的に削減できることについて言及しているものである。例えば，市場に各々別個の商品を生産する製造業者が5人，それら商品を全て欲する消費者が5人いると仮定する。この場合，製造業者と消費者が直接取引を行った場合，取引は製造業者5人×消費者5人＝25回が行われることになる。一方で，流通業者を介在して間接取引が行われる場合，製造業者5人が流通者に商品が販売され，また流通業者が消費者5人に商品を販

図1-4　集中貯蔵の原理（不確実性プールの原理）

※例えば①流通業者Aがいない場合には商品を扱っている流通業者B1～B5は消費者の需要に対応するために各店舗で常時500個の在庫が適切だとする。②消費者の需要時期にはバラツキがあり，各店舗通常100個あれば問題ないとすると，流通業者Aが集中的に商品を在庫することで，流通業者B1～B5に対し常時100個在庫することで市場における商品とそれに係るコストは減少する。

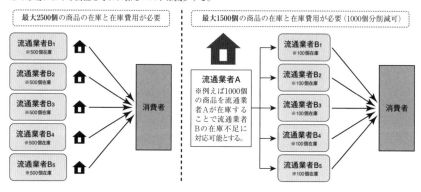

売することで10回の取引が行われる。流通業者を介在した取引の方が直接取引よりも取引回数を減少させ，社会全体の流通コストを削減するが可能となる。ただし，流通業者数が増えた場合，流通コストが増加することになることに注意したい。

⑵　集中貯蔵の原理（不確実性プールの原理）

　この原理は，流通業者が商品を集中的に貯蔵することで，在庫という流通コストが社会的に削減されることについて言及するものである。製造業者及び流通業者も自身が所有権を有する商品が売れ残ったり，逆に過剰に売れることで在庫が不足することによる販売機会の喪失に危機感を有している。流通業者は自身を分化し商品を集中的に在庫することでこれらのリスクに対応するとともに，流通コストの削減を図る。例えば，**図1-4**のように市場には複数の消費者がおり，商品を仕入れて消費者に販売する流通業者B1～B5がいるとした場合，各流通業者Bは消費者への販売を確保するために500個の商品を在庫する必要がある。市場には流通業者B1～B5の5者×商品500個＝2500個が市場に必要

図1-5　情報縮約・整合の原理

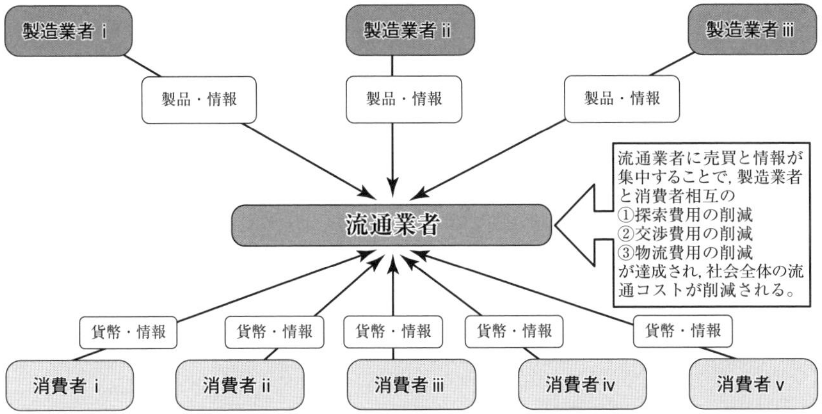

になる。しかし，流通業者$B_1 \sim B_5$の在庫を代理する流通業者Aが出現することで状況は大きく変化する。流通業者Aが流通業者$B_1 \sim B_5$の在庫を代替することが可能であるならば流通業者$B_1 \sim B_5$は商品を500個在庫する必要はなくなる（例えば，流通業者$B_1 \sim B_5$は商品100個を在庫することで，必要に応じて流通業者Aから商品を仕入れれば対応できる）。流通業者Aが集中的に商品を在庫することで，それに伴うコストの増大を削減することが可能となる。また，**第2章**で詳細は後述するがこの流通業者Aの役割を担う流通業者を卸売業者といい，同原理は卸売業者が存在する意義を示したものともいえよう。

⑶　情報縮約・整合の原理

　この原理は，製造業者と消費者間にある取引に関する情報を流通業者に集中させることで流通コストが社会的に削減されることについて言及したものである。直接取引においては，製造業者と消費者は相互に情報を持ちえないことから，取引相手や商品などの探索困難性，価格交渉の困難性，物的移転の困難性などに起因する流通コストの上昇が生じる。これらの流通コストは流通業者が介在し，情報が縮約・整合されることによって削減することが可能となる。蓄

積された製造業者からの情報は，流通業者によって販売活動を通じて収集された消費者の需要情報と調整（整合）される。蓄積された情報は，流通業者への更なる売買集中を加速させ，その範囲はより拡大されることになり流通コストは削減される。

（参考・引用文献）

石川和男『商業と流通〔第2版〕』。

江尻弘（1981）『流通論』中央経済社。

北島忠男（1998）『新訂流通総論』白桃書房。

久保村隆祐・荒川祐吉編（1974）『商業学』有斐閣。

久保村隆祐編著（1983）『商学通論』同文館。

鈴木安昭（2004）『新・流通と商業〔第3版〕』有斐閣。

田村正紀（2001）『流通原理』千倉書房。

林周二（1999）『現代の商学』有斐閣。

森下二次也（1964）『現代の流通機構』世界思想社。

森下二次也（1964）『商業経済論体系』文人書房。

森下二次也（1965）『現代商業経済論』有斐閣。

矢作敏行（1996）『現代流通』有斐閣。

R. F. Breyer (1964), "Some Obserbations on 'Structural' Formation and the Growth of Marketing Channels," in R. Cox, W. Alderson, and J. Shapiro (eds.), *Theory in Marketing*, Richard D. Irwin.

L. P. Bucklin (1967), "The Economics Structure of Channel of Distribution," in E. D. Mallen (ed.), *The Marketing Channel*, John Wiley & Sons.

A. W. Shaw (1951), *Some Problems in Market Distribution*, Harvard University Press. (丹下博文（1992）『市場流通に関する諸問題』白桃書房。)

第2章　流通機構

2-1　流通機構

　流通機構とは，生産と消費の間における商品の移転に関する社会的なシステムを指す。第1章で言及したように生産と消費には懸隔があり，流通業者によって架橋される。この流通業者が製造業者と消費者の間にいることで，社会的な流通コストが削減されることから一般的に商品の流通は，製造業者－流通業者－消費者という形態で構成される。ただし，今日においては多様且つ急速な技術発展によって生産と消費の乖離（生産地と消費地，生産量と個々の消費量の違いなど）が拡大していることから，この製造業者－流通業者－消費者という流通業者が1段階において介在するだけでなく，製造業者と消費者の間に複数の段階に流通業者を介在させ，各商品に適した効率的な流通チャネルが採用される。このように，流通業者を流通過程に複数介在（分化）させること，つまり卸売業者，小売業者からなる流通機関を介在させる理由は，流通コストを削減することにある。

　産業革命によって到来した工業化によって，製造業者の大型化，商品数の増加，物流技術の発展等がもたらされた。工業化される前段階においては，生産技術と物流技術が未発達であったことから，流通業者の数・範囲は限定的なものであった。需要・供給ともに少数であることから流通業者は今日ほど明確に

図2-1　流通機構

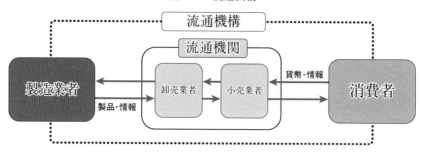

分化せずとも対応することが可能であった。しかし，工業化に伴う生産量と取引量の増加による流通コストの増大によって流通業者は自ら卸売業者と小売業者に垂直的に分化させることによって削減する必要があった。

　卸売業者と小売業者の違いは，小売業者は最終的に商品の価値を消費する消費者に販売しているが，卸売業者は消費者以外の再販売を目的に取引する他の流通業者（つまり他の卸売業者や小売業者）や産業使用者に販売する点にある。生産技術と物流技術の発展により市場は地理的に拡大することになるが，これに対応するために卸売業者の活動も地理的な範囲を拡大させていく必要が出てくる。地理的な範囲の拡大に伴う流通コストの増大を，**図2-2**における間接流通(iii) 卸売業者1のように集荷・分散・中継の機能を担う卸売業者を垂直的に（多段階的に）分化することで削減した。

　垂直的分化が進むと同時に，本格的に流通業者の専門化も行われる。それは，工業化が進むことで生産量の増大による取引量の増加で，それに対応する流通業者が負担しなければいけない流通コストも増加するからである。一部の流通業者はこれら流通コストの増加に対し，特定の商品の品揃えに集中化（専門化）することで自身の業務の効率化を図り流通コストの削減を図る。

　しかし，流通業者が垂直的に分化することによって，流通コストを削減することが可能であることに言及したが，情報技術の進展を背景にした小売業者の機能強化によって卸売業者の段階を減らすことで機能の垂直的な分化から統合

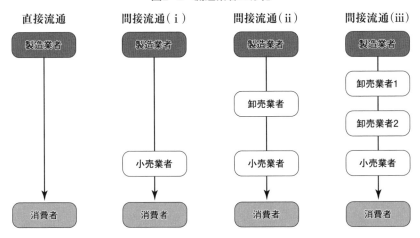

図2-2　流通業者の分化

| 直接流通 | 間接流通（ⅰ） | 間接流通（ⅱ） | 間接流通（ⅲ） |

への転向，また総合的な品揃えによって競争力を高める新たな流通システムが出現してきた。卸売業者は，この変化に専門化から総合化への転向によって流通コストを削減していく方法で対応を試みている。このように流通機構は固定的なものではなく，時代背景や流通技術の発展によってその形態を変化させている。

2-2　流通機関の分化(1)——卸売業者

前述したように，流通機関は工業化に伴う生産量・取引量の増大による流通コストの増大に対し，流通機関を卸売業者と小売業者に分化し効率化することによって増大する流通コストの削減を図った。この流通機関の分化によって出現したのが卸売業者である。流通コストの必要性から出現した機関であるから，卸売業者は小売業者のように消費者に商品を販売する活動と比較して多くの機能を担っている。

卸売業者の機能として，以下のものを挙げることができる。

(1) 商的流通機能

卸売業者の活動の基礎は，小売業者への再販売活動にある。卸売業者は製造業者から商品を自身の判断と責任の下で買い集め（品揃え形成），数量・質による分類を行ったうえで小売業者に再販売を行う。また，卸売業者が多くの製造業者と大量の商品を取引することから，その過程で価格の調整も図られる。卸売業者が，小売業者が負担しなければいけない機能を集中的に代替することで流通コストを削減している。

(2) 物的流通機能

卸売業者は，多くの製造業者から多様な商品を買い集め，再販売を行っている。その過程で所有権の移転のみならず，物的な移転が必要になる。卸売業者は製造業者・小売業者が負担しなくてはならない製造業者から小売業者に至る間の輸送機能を代替している。また，卸売業者は自身で大容量の倉庫を保有し，買い集めた商品を一定数量保管することで小売業者の需要に応える機能を有するとともに，製造業者・小売業者が個別に保有しなくてはならない倉庫の機能も代替している。卸売業者が個々の小売業者が負担すべき物的流通機能を代替し集中させることで，流通コストを削減している。

(3) 情報的流通機能

卸売業者は，小売業者が保有する消費者が欲する商品の品質や価格などの情報を取引の過程で収集・蓄積している。この情報が製造業者に伝えられることによって，直接的に消費者と取引関係になく情報を有さない製造業者は卸売業者から伝達される情報を基礎に生産体制を整えることができる。また，卸売業者は製造業者から得られる商品の情報を小売業者に伝達し，小売業者は卸売業者から商品の販売方法などの指導を受けることで販売機会を得ることが可能となる。卸売業者が情報を縮約・整合することで流通コストを削減している。

⑷ 補助的流通機能

　卸売業者は，①製造業者と小売業者間の資金的流通の支援を行っている。卸売業者は商品が最終消費者に販売されるよりも以前に商品の支払いを行い，また小規模な製造業者に対し融資を行うことで，製造業者の生産活動に支障が出ないように支援している。②この製造業者・小売業者は流通過程において生じる過剰在庫などの在庫リスクの負担をしなくてはならないが，卸売業者が集中的に商品を仕入れ，在庫することで製造業者・小売業者はその負担から解放される。③卸売業者は部分的な生産設備を有して商品の組立，包装，値札付けなどの製造業者が負担すべき加工を代替的に行い，品揃えの範囲を拡大する機能を有している。卸売業者が製造業者・小売業者の金融・在庫リスク及び加工の機能を代替することで流通を循環させることが可能となり，流通コストは削減される。

　卸売業者の形態は，①取扱う商品の範囲を基準とした分類，②製造業者との取引関係による分類，③機能による分類などで分けられる。

　第1の分類として取扱う商品の範囲によって，主に総合卸売業と専門卸売業に分類することができる。総合卸売業はある分野における商品を全般に扱い，専門卸売業は特定の商品群を扱っている。総合卸売業の典型としては，総合商社がある。総合商社は多様な商品を取扱うだけでなく，生産・小売段階にまで介入・コントロールを行っている。また専門卸売業は取扱っている特定の商品ラインの市場規模が大きな場合においては，深い商品構成をすること，物流の規模の経済性を働かせることで他の卸売業との優位性を構築することができる。

　第2の分類として製造業者との取引関係を基準にした分類がある。製造業者に近い順から一次卸売業，二次卸売業など分けられる。製造業者から商品を仕入れ，他の卸売業に販売する卸売業者を一次卸売業，一次卸売業から商品を仕入れ他の卸売業者や小売業者に販売する卸売業を二次卸売業という。このような分類以外にも，製造業者から商品を仕入れ他の卸売業者に販売する卸売業を元卸，他の卸売業者から商品を仕入れ他の卸売業者に販売する中間卸，他の卸

売業者から商品を仕入れ小売業者に販売する卸売業を最終卸とする分類もある。また，有力な製造業者によって一次卸売業を自身が出資し経営することで自身の商品のみを扱わせる販社（販売会社）という特殊な卸売業の形態もある。

　第3の分類として機能による分類がある。機能によって卸売業者を分類すると完全機能卸売業者と限定機能卸売業者に大別される。完全機能卸売業者とは前述した卸売業の機能を全て遂行するものである。一方，限定機能卸売業者とは，卸売業の機能の一部を担う卸売業者である。限定機能卸売業として代表的なものとして，問屋がある。問屋には2つの定義があり，一つは商法の規定に基づくものである。商法における規定上の問屋は，商業資本の出資による流通業者であり，商品の所有権を有さずに製造業者や他の流通業に対し売買することで，手数料を稼ぐという限定機能卸売業としての定義である。もう一つは，現実の問屋の業務を基礎にして，卸売業者と同様の流通機能を果たしているという完全機能卸売業としての定義である。また，他の限定機能卸売業として，特定の製造業者を代理して需給結合機能（取引の斡旋）のみを担う代理商，複数の製造業者の需給結合機能のみを担う仲立人がいる。これらは共に，需給結合機能を代替することで，取引が成立した場合に手数料を受け取っている。

　農産物，水産物，食肉などの日常に消費される主に生鮮食料品は，卸売市場を経由して流通される。これらの生鮮食料品は，生産量・品質の不安定性，貯蔵の困難性，製造業者の小規模性などから，全体的に需給調整を図ることが難しい。そこで生鮮食料品の円滑な取引が行われるように，多品種の生鮮食品を一箇所に集中的に収集し，また多くの取引参加者によって毎日の需要に適合させるよう価格を設定できるシステムである卸売市場が設けられている。卸売市場は卸売市場法（1971年）によって規定され，都市部の生鮮食料品の流通システムの確保のために設けられる中央卸売市場，中小都市の生鮮食料品の集配拠点としての地方卸売市場がある。その他にも卸売市場法の対象とならない小規模の卸売市場も存在する。

　わが国において，卸売業者の流通における影響力は1970年代半ばごろまで非常に高いものであった。それは，卸売業者が製造業者・小売業者にとって自

身の機能を代替してくれる有用な存在であったからである。工業化の初期段階においては，多数の小規模な製造業者によって構成されていた。この段階においては，卸売業者は各地に点在する小規模製造業者から商品を収集し，商品を他の流通業者に販売する事で商品が広範囲に販売されることになる。また小規模製造業者にとっても自身の機能を代替する卸売業者は重要な存在であった。小売業者も小規模であったことから取引量は小さく且つ地域的に分散していたことから，これに対し卸売業者は分化することで対応した。卸売業者は小売業者と分化したことで，一次卸売業者が広範に商品を収集し，二次卸売業者は一次卸売業者から商品を地域内に分散する小売業者に販売することが可能となった。このような卸売業の分化は流通の多段階化といわれるが，多段階化が進むことで流通コストが高くなることを直ちに意味しない。製造業者と小売業者の双方が地理的に分散的にある場合には，卸売業者が分化することで逆に効率化される場合がある。流通機構において収集と分散を集中的に担うことで，卸売業者はわが国の流通システムにおいて重要な役割を果たしてきた。

　しかし，1970年代半ばからわが国卸売業者の圧倒的な地位に変化が生じた。1970年代初頭には日本では製造業者の大規模化・寡占化が進み，少数の製造業者が多品種の商品を大量生産することが可能になった。少数の製造業者によって多品種・大量生産がなされることで，卸売業者に集中していた多くの製造業者から商品を集めるという流通機構における収集の役割は小さいものになっていった。また，ブランド力を有する商品を持つ大規模化した製造業者は，卸売業者を利用せず自ら商品の販売にコミットするようになった。一方で1970年代初頭にはわが国の小売業者も大規模化する傾向がみられるようになってきた。それまで，デパートメント・ストアを除き殆どの小売業者は小規模なものであったが，多店舗経営を意味するチェーン方式を採用したダイエー（現・イオン傘下）に代表されるような総合スーパーマーケットの成長によって大規模化が急速に進んだ。大規模小売業者がチェーン方式を採用することで，自ら大規模製造業者からの商品を一括して配送センターに収集し，各店舗に分散し配送することが行われるようになった。結果的に，卸売業者に集中していた流通機構におけ

る収集と分散の役割は大規模小売業者によって担われることになった。このような卸売業の役割の狭小化は，1970年代の卸売業者を介在させない総合スーパーマーケットの急激な成長を示す流通革命といわれる事象の中で，問屋無用論として展開された。しかし，卸売業者は機能強化に努め，今日においても流通において重要な役割を果している。

2-3　流通機関の分化⑵——小売業者

　小売業者は最終消費者への販売を担っている流通業者である。卸売業が流通における多様な機能を担うことで流通コストを削減し存在しているが，小売業者は消費者の変化に対応する機能を有することで流通コストを削減する。小売業者の機能として以下のものがある。

⑴　商的流通機能
　小売業者の活動は最終消費者の需要に応じて商品を収集し，消費者に販売することにある。この小売業者の活動を通じて，商品の価値は最終消費者によって使用・消費されることで，最終的には廃棄される。小売業者は変化する消費者の要望に応える品質，数量，価格を調整することで品揃え形成を行い，流通コストを削減している。

⑵　物的流通機能
　小売業者は商品を製造業者・卸売業者から収集し，自身の店頭や在庫において保管し最終消費者への販売に備える。消費者の移動可能地域内に店舗を設けることで，流通コストを削減している。

⑶　情報的流通機能
　小売業者は自身の判断と責任の下で商品を収集し，消費者に販売をしている。この収集の基礎を提供しているのが，消費者の需要情報である。小売業者は消

費者の購買行動に直面することから消費者需要の情報を蓄積し，商品構成として現れる。この蓄積された情報は，小売業者から卸売業者への注文活動という形で伝達され，また最終的には卸売業者から製造業者へ伝達される。生産が調整され，流通コストは削減されることとなる。また，小売業者から消費者へ販売促進を通じて情報伝達がなされる。この小売業者からの情報を基礎にして消費者は購買行動を起こすことから，小売業者による情報伝達は需要創出機能を有しているともいえる。

(4) 補助的流通機能

　小売業者は消費者との売買取引において，現金販売だけでなくクレジットカードを通じた割賦販売を行い，需要を活発化させている。また，小売業者は製造業者・卸売業者から収集した商品を自身の店舗・倉庫への輸送・保管する際に，保険をかけて消費者に商品が購入されるまでのリスクを回避している。

　前節で小売業者も日本においては 1970 年代以前においては殆どが小規模であったことについては触れたが，今日おいて小売業者の大規模化・近代化は急速に進んでいる。小売業者の大規模化・近代化は，製造業者の大規模化によってもたらされたといっても過言ではない。生産の大規模化は 18 世紀半に英国に起こった産業革命による工業化によってもたらされた。産業革命以前の生産は殆どが家庭内手工業などによって生産されており，その生産数は不安定且つ少量なものであった。産業革命で始まった工業化によって商品は安定的且つ大量に生産することが可能となった。しかし，産業革命によってもたらされた安定的な大量生産が直ちに小売業者の大規模化に直結したわけではない。大量に作られた製品は分散する消費者に流通させる技術や基盤が必要であることから，大規模・近代化した小売業者は産業革命と同時に出現した訳ではない。大規模・近代的小売業者が出現するには，①遠隔地で作られた商品を実際に運ぶことを可能とする交通の発展，②商品の情報を製造業者が発信し消費者が受信できるような通信技術の発展，③大量生産された商品の受け皿となる都市部にお

ける消費需要の増加が，必要であった。産業革命は交通の発展，通信技術の発展，都市化をも付随的に発生させるものであった。

交通の発展は，物流技術の稚拙さによる商品を届けることに対する地理的制約を大きく解放した。ヨーロッパやアメリカにおいては，業革命以前では馬車や帆船が国内物流を担っていた。しかしながら，馬車は積載量が非常に小さく，また輸送可能距離も限定的であった。帆船は，積載量は多いものの水上移動に限られること，天候の影響を受けやすいことから，その輸送可能距離は限定的なものであった。しかし，産業革命において発明された蒸気機関の交通技術への転用により物流において大きな変化が起こる。陸上輸送では，蒸気機関を利用した鉄道が敷設されるようになり，また河川においては蒸気機関を利用した蒸気船が導入され，運河も整備されたことから国内における輸送距離は飛躍的に拡大することになった。更に，少し遅れて登場する自動車によって鉄道や蒸気船では埋めることのできない物理的空間を埋めることが可能となり，地理的制約を大きく解放した。

通信技術の発展は，情報の不足に由来する取引の困難性を大きく解放した。産業革命による技術革新は印刷技術にまで及んだ。印刷技術の発展は大量の印刷や有色の印刷物を可能にし，印刷された製品の見本（カタログ）を郵便制度を通じて，全国的に配布し商品を輸送・販売することが可能となった。このことは全国規模で直接的に面会しなくとも取引が可能となり，情報の不足によって制約されていた商圏が大きくなったことを意味する。また，これら通信技術の発展は全国に展開する雑誌・新聞（マス・メディア）を急速に発展させた。この全国で展開される雑誌・新聞に商品広告を掲載することによって，製造業者は自身の商品のマーケティングを実行することが可能になった。

都市化は，工業化によって大量生産される商品の供給先を提供した。産業革命以前においてはヨーロッパでは荘園経済（農業を中心とした閉鎖的地域経済）が主流であり，労働者の殆どは地方で農業に従事していたことから消費は分散していた。そのため，産業革命以前にいた行商人，市場商人，店舗小売業（製販兼業），ゼネラル・ストア等の小規模で零細な小売業者で対応が可能であった。し

かし，産業革命により工場が都市に設営されたことでそれまで農業に従事していた労働者が都市部に集中してきたことで，都市における消費は急速に拡大した。

　産業革命は大量生産だけでなく，交通の発展・通信技術の発展・都市化という全国的市場の成立に必要な基盤を提供した。この全国的市場の成立は，製造業者の発展だけでなく，小売業の発展も誘発するものであった。小売業は社会の変化に並行する形で順調に発展を遂げてきたが，一方でその発展の過程で様々な流通課題を生み出してきた。この流通課題を正確に理解するために，**第3章**で小売業の発展とその性格を考察していく。

（参考・引用文献）

石坂昭雄・壽永欣三郎・諸田實・山下幸夫（1980）『商業史』有斐閣。

久保村隆祐編著（1983）『商学通論』同文館。

佐藤肇（1971）『流通産業革命』有斐閣。

清水滋・宮下正房・原田一郎・住谷宏（1989）『新版流通入門』有斐閣。

田口冬樹（2001）『体系流通論』白桃書房。

田島義博・原田英生編著（1997）『ゼミナール流通入門』日本経済社。

田村正紀（2008）『業態の盛衰』千倉書房。

徳永豊（1992）『アメリカ流通業の歴史に学ぶ〔第2版〕』中央経済社。

豊田武・児玉幸多編（1969）『流通史Ⅰ』山川出版。

林周二（1962）『流通革命』中央公論社。

林周二（1999）『現代の商学』有斐閣。

宮下正房（1989）『日本の商業流通』中央経済社。

第3章　小売業の発展とその性格

3-1　デパートメント・ストア

　産業革命は，労働人口の都市への集中化という現象を生み出した。都市部の急速な消費需要の増大に対応する小売業態として，デパートメント・ストアは出現した。

　デパートメント・ストアの起源は，1852年にフランスのパリにおける，アリステッド・ブシコーが開業したボン・マルシェにある。イギリスに続きフランスにおいても産業革命が起こり，衣料品の生産が手工業から機械工業に変わったことで，大量生産された衣料品を販売する小売業の変化が迫られていた。この変化にいち早く対応したのが，ボン・マルシェ（1852年）という世界初のデパートメント・ストアである。同店は，これまでの小売業では採用されていなかった定価表示，現金販売，返金・返品制度等の販売手法を導入し，後述する多くの小売業態に大きな先鞭を着けた。また，衣料品だけでなく，雑貨や靴，陶磁器などにも取扱いの範囲を広げ，品揃えの豊富さを背景に同店は発展を遂げていった。しかし，ボン・マルシェは小売業の大規模化の役割を果たしたものの，小売業の本格的な近代化をもたらすには至らなかった。小売業の近代化を決定的にしたのは，米国におけるデパートメント・ストアによる経営革新であった。

米国におけるデパートメント・ストアは，A. T. スチュワート（1862年），メイシー（1858年），ワナメーカー（1861年）などの当時に貿易が盛んであったニュー・ヨーク等の東海岸地域で開業された。南北戦争前後において，米国においても産業革命の影響が顕著に表れ，都市部における人口が増加し，消費需要は増大していた。米国におけるデパートメント・ストアは，フランスのデパートメント・ストアが採った店舗の大規模化や新たな販売手法の導入だけに留まらず，①衣料品関連に限らない総合的な品揃え構成（食品や金融サービスなどの導入），②部門別の分権管理（個々の売り場に管理運営権の付与），職能別分業（仕入れ，販売など従業員による職能別の担当），③積極的な広告宣伝活動（新聞の全面広告の導入）等の経営革新を行い，小売業の近代化を急激に推進するものであった。米国のデパートメント・ストアは1920年代まで小売業の主役的な地位にあったが，それ以降はチェーン・ストアとの競争激化，同業態間の競争の激化，品揃え拡張に伴う経費の増加などの困難に直面した。戦後では，ショッピング・センターへの店舗出店，マーチャンダイジング機能の先鋭化などの新たな方向性を打ち出すことによってその存在を確かなものにしていった。

　日本におけるデパートメント・ストアは，明治時代に推進された西洋化によって生まれた産物だといえる。明治時代初期は，1871年に断髪令が出されるなど，文明開化の号令の下で和装から洋装へと急激に移行していった。この服装の西洋化を担ったのが後の三越デパートになる三井呉服店（1872年開業だが，前身の越後屋は1673年開業している）をはじめとする呉服店であった。呉服店は和装の販売から洋装の販売に移行し，更には靴や総合日用品の取扱いを行い，徐々にその品揃えの範囲を拡大していった。1904年には三井呉服店が三越呉服店（後の三越）と改名し，米国のデパートメント・ストアを参考にして本格的な業態転換を図った。これを契機に他の呉服店の白木屋，松坂屋，高島屋なども追随し呉服店からデパートメント・ストアへ業態転換が積極的に行われた。このような呉服店からのデパートメント・ストアへの転換は，地方でも同様の傾向がある。

　また，日本には別のルーツを有する電鉄会社出資のデパート・ストアの存在

がある。1929 年には，電鉄会社出資の阪急百貨店が開業している。電鉄会社によるデパートメント・ストア事業への参入の背景には，当時の都市部における俸給生活者（現代でいうサラリーマン）層の増大がある。電鉄会社は自身の沿線の始発駅にデパートメント・ストアを設けることで，沿線に住む利用者に対し消費の面でも囲い込む目的で開業したのである。このような電鉄系のデパートメント・ストアが出現・発展したのは日本独自の発展形態といえる。

　わが国のデパートメント・ストアは，戦前から 1960 年代まで中小小売業と敵対する唯一の大規模小売業者であったことから，規制の対象となっていた。戦前にはデパートメンスと・ストアの集客の脅威に晒された中小小売業による政治的働きかけによって立法されたデパートメント・ストア対するに営業規制を設けた第一次百貨店法（1937 年制定，1947 年の独占禁止法制定により廃止），戦中・戦後においては物資面の不足からその営業は大幅な制限が加えられた。1950年代後半から 1970 年年代前半における高度経済成長期においては，旺盛な消費需要に応えるべくデパートメント・ストアは復活を遂げ，その脅威から第二次百貨店法（1956 年に制定されるが，1973 年大規模小売店舗法の制定により廃止）が設けられた。

　わが国のデパートメント・ストアは，規制の対象とされる中でオイルショックなどによる一時的な停滞はあったものの順調に発展し，1980 年代半ばからはじまるバブル経済期において大きな繁栄を迎えた。しかし 1990 年代初頭にバブル経済の崩壊と共にその長期にわたる発展と繁栄は終焉を迎えることとなった。今日では，長期にわたる消費需要の低下，カテゴリー・キラーや同じ総合日用品を扱う低価格帯の総合スーパーマーケットの台頭などもあり，デパートメント・ストアは存続の危機に瀕している。そのため，都市部のデパートメント・ストアでは，2000 年代以降，生き残り戦略として合併が積極的に行われている。2003 年には西武とそごう（2005 年にセブン＆アイ・ホールディングスに子会社化され，そごう・西武），2007 年には大丸と松坂屋（現・J.フロント リテイリングとして経営統合し，2010 年に大丸松坂屋百貨店），2008 年には三越と伊勢丹（現・三越伊勢丹ホールディングス），2008 年には阪神と阪急（阪急阪神ホールディングス）

が合併している。しかし，デパートメント・ストアの衰退は止まっていないことから不採算となっている地方の店舗を閉鎖し規模の縮小が加速している。また，地方デパートメント・ストアの衰退は更に激しく，大沼（山形県・2020年閉店），中合（福島県・2020年閉店）などの地方の有力デパートメント・ストアの閉店が続いている。

このような逆風の中で，デパートメント・ストアは，ECサイトと実店舗を連動させたり，訪日外国人の消費需要を取り組む方法を行っているが，苦戦は続いている。

3-2　通信販売

デパートメント・ストアが都市において増大する需要に応える新たな小売業として出現した一方で，通信販売は大きな潜在的な購買力を有していた地方における農村地域向けの小売業として出現した。通信販売が出現する背景には，物流インフラの整備と郵便制度の確立という2つの条件が必要であった。この2つの条件が最初に整ったのが米国である。

物流インフラの整備は，地方の消費者の商品購買の機会を狭める地理的な制約を解放するものであった。当時，急速にこの物流インフラが整備されたのが米国である。米国では，1869年に東海岸と西海岸を繋ぐ最初の大陸横断鉄道が開通し，全国を繋ぐ鉄道がその後も急速に敷設されていった。また，鉄道を補完する自動車の普及やそれに伴う道路などの物流インフラも急速に整備されていった。物流インフラが未整備であった当時は，地理的制約によって，当時の消費者の購買先はペドラーと呼ばれる行商人や僅かに点在する最低限の生活必需品を扱うゼネラル・ストアに限定されていた。しかし，物流インフラが大陸横断鉄道の開通で整備されたことで，都市部における工業品と地方における農産物の取引の地理的範囲を拡大するだけでなく，地方における分散する消費需要の掘り起こしを可能にしたのである。

物流インフラの整備によって可能となった安定的な郵便制度の確立は，米国

における地方における消費者の情報へのアクセスを容易にした。これまで物流インフラの未整備によって，商品はもちろんだが，商品の情報も制限されていた。しかし，物流インフラが整備されたことで，付随的に郵便制度も確立された。これにより地方への商品の配給と商品カタログの送付が行われ，商品情報が地方の消費者に到達することが可能となった。

　代表的な通信販売会社として，モンゴメリー・ワード社（1872年）とシアーズ・ローバック社（1886年）を挙げることができよう。モンゴメリー・ワード社は，中間商人を排除し製造業者から直接商品を大量に仕入れることで単価を安く設定し，商品と価格表を載せたカタログを作成することで，地方における農業従事者の販路を獲得することに成功した。同社は，カタログに農業団体役員の推薦文を載せ，団体所属員限定の特価や支払い猶予期間を延長する手法を採ること，購入者に対して商品に満足しない場合，送料を会社が負担し返品・返金に応じる等の方法を採用することで資金的に豊かではなかった農業従事者の支持を獲得していった。その後，農業従事者以外にも販路を拡大し，急成長していった。

　シアーズ・ローバック社は，当時ステイタス・シンボルであった時計の通信販売で成功を収めた通信販売企業である。同社は，時計メーカーから完成品を仕入れるのではなく，ムーブメントやケースを個別に仕入れ，独自に製造することで低価格の時計の販売を可能にした。更には自社のライバルとなる時計メーカーからも大量に商品を仕入れることを条件に割引を要求することで，低価格販売を実施した。また同社は，デパートメント・ストアと同様に販売した商品の品質保証や返品・返金の自由を採用していた。同社もまた，時計に留まらず多くの商品の販売へと拡大したことで，地方の消費者需要に応えていった。

　小売業全体が未成熟な時代において，通信販売は地方の消費者需要に十分に対応するものであった。しかし，1920年代に米国においては自動車の普及と道路の整備が更に加速し，農業従事者を中心とした地方の消費者は自ら都市部にある実際の店舗に赴き購入することが可能となったことから，通信販売は急速に衰退した。また郵送料やカタログ製作費の負担が増大したことでも大きな要

因の一つである。そのため先述のモンゴメリー・ワード社とシアーズ・ローバック社の両社は，1920年代に展開され始めたチェーン・ストアの方式を参考にして，カタログによる通信販売を行う一方で，実際の店舗を設け販売する方法も導入していった。

日本における通信販売は，1876年の農業雑誌を通じたトウモロコシの種の通信販売や1930年の大日本雄弁会講談社（現・講談社）による雑誌広告を用いた雑貨や日用品の販売に起源があり，また，デパートメント・ストアによっても行われた。戦後においては，カタログでだけなく，ラジオ，テレビなどの情報機器の発展の影響を受け形態を変えながら順調に発展を遂げてきた。しかし，2000年代以降においては，インターネットの急激な発展により同じ遠隔地の消費者をターゲットとするeコマースとの競争に直面し，苦戦を強いられている。

3-3　チェーン・ストア

上述のようにデパートメント・ストアと通信販売という新たに出現した小売業態が，産業革命後における消費需要の受け皿として機能した。その後，大量生産・大量消費を支える様々なインフラが更に進化したことで，国内市場に対応する中小規模の多店舗展開を行うチェーン・ストアという小売業態が出現した。

チェーン・ストアとは，食料品・雑貨を中心とした多店舗経営の小売業態である（広義の意味では，業種に関係なく米国では11店舗以上，日本では10店舗以上の支店を持つ企業を指す）。チェーン・ストアの最大の強みは多店舗経営による収益の拡大と，仕入・販売の機能別分業組織の導入にある。

多店舗経営による収益の拡大は，多店舗展開による商圏の拡大と大量仕入れによる製造業者への交渉力（バイイング・パワー）によって達成される。デパートメント・ストアのような大型店舗であっても，その商圏には限界があり，消費者の数は限界がある。チェーン・ストアは，中小規模の店舗を各地域に出店することで，この地理的制約に縛られることがない。また，多店舗経営するこ

とによって，全体的な仕入れ量を拡大することが可能になる。全体的な仕入れ量の増大は，製造業者に対し値引きの圧力となり，低価格での仕入れを可能にする。値引きされた仕入れ価格は販売価格にも反映され，消費者に対し強力な訴求力となる。

　仕入・販売の機能別分業の導入は，本部における大量仕入れのメリットと各店舗に分散されている店舗の販売のメリットを同時に実現した。本部の仕入責任者が全店舗の一商品部門の責任を負い，各店舗の販売責任者が売場部門の一売場部門の責任を分担して負うものである。このような仕入れと販売の機能分離によって経営の効率性を達成することができる。

　チェーン・ストアという多店舗経営に基礎を持つ小売業態は，米国の1859年に創業したグレート・アトランティック・アンド・パシフィック・ティー・カンパニー（A&P社）である。同社は，当時よく飲まれていた紅茶を，中間業者を排除し自ら輸入し店舗販売することで低価格販売を訴求したことで多くの消費者から支持された。その後，大陸横断鉄道の開通を背景に，自身の店舗を全米に展開し，紅茶以外にもコーヒーやパンなどの食料品の取扱い商品数を増やしていった。1912年には，それまで採用していた掛け売り・配達の販売手法を止め，現金払い・持ち帰り制を導入した。この現金払い・持ち帰り制を導入したことで，1店舗に掛かるコストは軽減し，薄利多売を追求するエコノミー・ストアとして，店舗数は急増した（1923年には，全米で9303店舗，3億ドルの売上高を記録している）。また，同社以外にもチェーン・ストアとして成功した企業には，均一価格販売を行うバラエティ・ストアのチェーン・ストアを展開したウールワース社（1924年），衣料品を中心としたチェーン・ストアを展開したJ．C．ペニー（1902年）などがある。

　日本ではチェーン・ストアは連鎖店として表記され，パンを製造するマルキ号株式会社（1904年）が日本のチェーン・ストアの起源とされている。その後，森永製菓や明治製菓などの製造業者もチェーン・ストアを展開したものの，日本で最初に成功したチェーン・ストアは1931年デパートメント・ストアを営む高島屋が菓子や化粧品等の生活必需品を10銭で販売する高島屋十銭ストアで

ある。しかし，チェーン・ストアは戦中・戦前の混乱期による物資不足から，一時的にその歩みを止めざるを得なかった。戦後，日本のチェーン・ストアは再び展開されるようになったが，それは戦後復興が終わり高度経済成長を迎える1960年代からであった。

　チェーン・システムの形態は，単一資本の下で行われるレギュラー・チェーンの他にフランチャイズ・チェーンとボランタリー・チェーンの形態がある。フランチャイズ・チェーンとは，異なる資本同士が契約関係を基礎にチェーン組織のメリットを相互に享受することを意図する者である。この形態に代表される流通業態としてコンビニエンス・ストアがある。次に，ボランタリー・チェーンは，チェーン組織の本部となる卸売業を中心に疑似的なチェーン・システムを形成する卸主催ボランタリー・チェーンと，中小小売業者が組織を形成し共同で新たな本部を設置するコーペラティブ・チェーンの2つの形態に分類され，複数の中小小売業者が独自性を維持しつつもチェーン・システムのメリットを享受することを目的に組織されるものである。

　チェーン・ストアによって導入された多店舗経営による収益拡大と仕入・販売の機能別分業という小売経営の手法は，その後の小売業の近代化・巨大化に多大な影響を与えたものといえる。

3-4　スーパーマーケットとGMS（ゼネラル・マーチャンダイジング・ストア）

　第一次世界大戦以後，世界経済を牽引していたのは米国であった。米国は1920年代には，「狂乱の時代」と称されるように芸術・文化は大きく成熟し，その繁栄を謳歌していた。しかし，1929年に株価の大暴落を発端に起こった世界大恐慌により，米国だけでなく，世界は慢性的な不況に悩まされる時代を迎えた。

　このような不況下で，先述のチェーン・ストアは逆風に晒されていた。チェーン・ストアの急激な発展は，既存の中小小売業の売上を圧迫するものであったことから，チェーン・ストアの営業を規制するよう米国全土でチェーン・ス

トア反対運動が展開されていた。この反対運動によって，1929年にはいくつかの州で店舗数に応じた累課税を課すチェーン・ストア税が導入（後にこの課税は違憲との判決が出ている）され，更には同一商品について購買先の規模や年間総取引額に基づき異なる価格で個別に販売する行為（これを差別価格という）を製造業者・卸売業者が行うことを禁止するクレイトン法2条を政府は改正した（当該改正部分をロビンソン・パットマン法という。また，商品の販売数量や引き渡し方法に起因する製造・販売・配送コストに基づく価格差は認められることに注意されたい）。これらにより，チェーン・ストアの成長を支えていた低価格販売は大きな制約が生じた。

　米国における世界恐慌の影響やチェーン・ストアに対する規制は，新たな小売業態を生み出すのに十分な条件であった。それは，キング・カレン（1930年）やビッグ・ベア（1932年）などの食料品を扱うスーパーマーケットという小売業態である。この新しい小売業態は，①大量仕入れによる低コスト化，②徹底した低価格政策，③セルフ・サービスの導入，④スクランブルド・マーチャンダイジングの導入，という特徴を有している。

　①大量仕入による低コスト化とは，先述したチェーン・ストアによって開発された大量仕入れによる値引き仕入れの手法を発展させたものである。スーパーマーケットでは，大量に仕入れした商品を陳列するために店舗面積を拡大したことで中小規模のチェーン・ストアよりも更なる低コスト化を達成することができたのである。②徹底した低価格政策とは，商品部門別のマージンに平均的なマージンを課すのではなく，一部の商品の原価ないしは原価を下回る価格で販売する方法を採るものである。店舗の価格の安さを消費者に訴求するもので，商品ごとで利益を追求するのではなく，特定の商品を“おとり（loss-leader）”にして安さを認識させることで，全体的な利益を追求するという手法である。③セルフ・サービスの導入と現金持帰り制とは，これまでの小売業の販売方法を大きく変えるものであった。セルフ・サービスの導入は，大量仕入れによる店舗面積が拡大した。そのため，それまで一般的であった接客が伴うクラーク・サービスではコストが高いことから，消費者自身に商品を選択させるものであ

る。これにより余剰な店員を雇う必要がなくなり，販売価格を下げることが可能となった。④スクランブルド・マーチャンダイジングとは，特定の商品の取扱いだけでなく，主軸となる商品以外のモノも扱うということを指す。これによりスーパーマーケットのワンストップ・ショッピングの魅力が向上した。また，このスクランブルド・マーチャンダイジングは，その範囲を衣料品や雑貨といった日用品にまで拡大することで総合日用品スーパーマーケットであるGMS（General Merchandising Store）という新たな小売業態を生み出した。

　食料品の販売を中心にしたスーパーマーケットは，その品揃えの範囲を総合日用品にまで広げたスーパーマーケットとなるGMSを派生させた。GMSの先駆者として代表的なものが，通信販売業を展開していたシアーズ・ローバック社が展開していたシアーズである。同社は1925年，自動車の普及に伴い都市郊外に新たな形態のデパートメント・ストアを各都市に展開していたが，チェーン・ストア方式の大量仕入れに基づく総合日用品の低価格販売を行うGMSに業態を転換した。また，GMSは通常食料品を扱うことはないが，ウォルマート社（1962年）が1988年に食料品も同一のフロアで扱うスーパーセンターという新たなGMSを展開した。この新たな形態のGMSは，仕入コストと物流コストの削減，同一のフロアで行うことで人件費を抑制，チェーン・ストア方式の大量仕入・大量販売に基づくEDLP（Every Day Low Price）という365日の低価格販売，といった特徴を持ち低価格販売を徹底的に追及したものである。ウォルマート社はこのスーパーセンターという流通業態を武器に全米・世界に店舗を拡大し，今日では世界最大の小売業者として君臨している。

　日本では，この食料品を含む総合日用品を扱うGMSは総合スーパーマーケットという小売業態として米国よりも早い段階で展開されていた。日本で独自に発展したこの小売業態は，セルフ・サービス・ディスカウント・デパートメント・ストア（SSDDS）とも呼ばれ，セルフ販売方式を採用した低価格販売を志向するものとして，大きな成功を収めた。

　日本におけるスーパーマーケットの源流は，セルフ・サービス方式を導入した1952年の東京・青山の紀ノ国屋食料品店にあるといわれているが，それは

チェーン・システムを基礎にするものではなかった。日本におけるチェーン・システムの発展は、低価格戦略を本格的に導入しはじめたのは大量生産・大量消費を背景にした1960年代に始まり、日本のスーパーマーケットの発展は総合スーパーマーケットに担われた。総合スーパーマーケットとして成功したのはダイエー（1957年、現在はイオン傘下）である。ダイエーは、伝統的な卸売業者を経由した流通チャネルである「製造業者→卸売業者→小売業者」というプロセスを否定し、「製造業者→小売業者」という新たな流通のシステムを確立した。このような新たな流通システムの出現を「流通革命」という。同社は1972年には国内小売業売上第1位の座に就いた。

　一方で、このような流通における急激な変化は、それまで流通に大きなパワーを持っていた製造業者と総合スーパーマーケット間の衝突を生み出した。代表的なものとして、1964年のダイエーと松下電器産業（現・Panasonic）によるカラーテレビをめぐる価格決定をめぐる紛争がある。最低販売価格を維持したい松下電器産業は、ダイエーによる過度な値引きの対抗措置として取引停止を行った。ダイエーはこのような取引停止に反発し、様々な方法で同社の仕入れ値引きを止めなかったことから1994年まで紛争は続いた。

　日本における総合スーパーマーケットは、1973年のオイルショックによる消費の停滞や1973年の大規模小売店舗法（大店法）による出店規制によってその成長は停滞することとなった。しかし、出店を規制していた大規模小売店舗法は、日米構造協議に端を発し、流通市場における閉鎖性の解消を目的に大規模小売店舗立地法（2000年）が制定された。同法によって、大型店の出店規制は解除されたことから総合スーパーマーケットは再び拡大路線を採り始めた。しかし、2000年代以降のカテゴリー・キラーの攻勢、eコマースの出現、消費の停滞などの問題に直面している。

3-5　コンビニエンス・ストア

デパートメント・ストア、通信販売、チェーン・ストア、スーパーマーケット、

GMSといった小売業態に共通しているのは，常に低価格販売を志向していた点にある。しかし，社会情勢が変化し，人々の生活様式も変化したことで，低価格ではなく人々の利便性に訴求した新たな流通業態が出現した。それがコンビニエンス・ストアという小売業態である。コンビニエンス・ストアは，コンビニエンスという言葉が示す通り，時間・立地・品揃えの利便性を追求した小売業態といえる。コンビニエンス・ストアの特徴として①他の流通業態と比較して圧倒的に小さい店舗面積，②限定的な商品ラインと少ない在庫，③基本的には生鮮食品を取り扱わない，④値引き販売を通常行わない，⑤長時間営業しており店舗近隣の消費者をターゲットとする，等が挙げられる。また，百貨店，チェーン・ストアやスーパーマーケット，GMSといった小売業は単一資本によるレギュラー・チェーンを採用し成長を遂げてきたが，コンビニエス・ストアは，フランチャイズ・システムを採用することで成長を遂げたものである。フランチャイズ・システムとは，システムを運営する本部であるフランチャイザーと，フランチャイジーと呼ばれる加盟店が契約を結び形成されるチェーン組織を指す。コンビニエンス・ストアでは，フランチャイザーと呼ばれるコンビニエンス事業を展開する本部は商品の仕入れ・商品開発・情報処理・店舗開発等のシステムの競争力を構築し，システム全体をコントロールする役割を担う。一方で，フランチャイジーは，システム加盟料とロイヤルティ（システム利用料）をフランチャイザーに支払うことでフランチャイザーによって開発され提供される商標を利用，経営ノウハウ，その他システム等のいわゆるフランチャイズ・パッケージを受け取り，店舗運営業務に従事する。つまり，フランチャイズ・システムでは，レギュラー・チェーンと同様の効果・利益を得ることができるように契約に基づき別個の資本が契約を結ぶ組織である。フランチャイズ・システムを形成する目的は，主にフランチャイザーは店舗数拡大のコスト削減にあり，フランチャイジーは低コストによる事業の開始と拡大にある。

　コンビニエンス・ストアは，1927年に米国・テキサスで開業した当時サウスランド・アイス社であったセブン-イレブンにその起源がある。同社は，当時，電気冷蔵庫がなかったことから週7日，毎日16時間の営業を行い食料品貯蔵用

の氷販売を行っていた。その後，顧客の要望でミルク，パン，卵などを取扱うようになったことで，近隣の住民から支持された。同社のコンビニエンス・ストア事業の開始は，1946年のセブン-イレブンに社名変更を契機としており，以降ガソリンスタンドなどに併設させることで全米に展開していった。

　日本におけるコンビニエンス・ストアの出現は1970年代初頭に見られる。当時，総合スーパーマーケットの急激な成長によって中小小売業を保護する必要性から1973年に大規模小売店舗法が制定されたことは前述したが，また中小小売業の近代化策として中小企業庁が「コンビニエンス・ストア・マニュアル」を作成し，同事業への参加を呼び掛けていた。このような背景から，大規模小売店舗法による出店が規制されていた総合スーパーマーケット各社は，新たな小売業態の可能性を模索し，西友の実験店舗（1973年，のちに1978年にファミリーマートを開業），イトーヨーカ堂のセブン-イレブン（1973年），ダイエーのダイエー・ローソン（1975年）が展開された。この他にも，食品製造業者や問屋による参入もあった。

　その中で，もっとも本格的に参入したのがイトーヨーカ堂のセブン-イレブンである。イトーヨーカ堂の社員であった鈴木敏文氏は新たな小売業態を求めて視察に訪れたアメリカで，セブン-イレブンというコンビニエンス・ストアという流通形態を発見した。同氏は，即座に米国セブン-イレブン本社と契約し日本への導入を決定した。しかし，アメリカとの流通環境の違いによってそのノウハウが適合するものは殆どなく，日本に適合したコンビニエンス・ストアを新たに築く必要に直面した。そのため，コンビニエンス・ストアは日本の流通環境に適合するようにカスタマイズされ，独自のスタイルで発展を遂げていった。

　日本のコンビニエンス・ストアの成長を支えたビジネス・モデルとして，POS（Point Of Sales：購買時点情報管理システム）と多頻度小口配送がある。コンビニエンス・ストアでは早い段階で情報技術の導入を行い，単品管理を可能にした。このPOSを経由した緻密な商品管理が店舗面積の小ささ故に在庫スペースを有さないコンビニエンス・ストアに適宜必要な量のみを輸送する多頻度

小口配送という新たな物流システムを創り出し，巨大な流通産業の礎を構築したのである。また，小売販売の付随的なサービス提供である公共料金支払い代行サービス，ATMの設置，宅配の取次，防災ステーションなど社会インフラとしての役割を積極的に担ってきたこともコンビニエンス・ストアの急速な発展を支えた一因といえる。

　様々な先進的な取り組みの成果で，業界第1位のセブン-イレブン社は1974年には100店，1990年には4270店，2019年には20876店にまで拡大した。2位以下の，ローソン，ファミリーマートも追走するように店舗数を拡大し，2019年には全国のコンビニエンス・ストア店舗数は5万5620店にまで店舗数は増加している。

　日本においてコンビニエンス・ストアがここまで成長した背景には，①日本における新たな消費者層の出現，②フランチャイズ・システムにとって有利な環境があったという点がある。

　①日本における新たな消費者層の出現とは，1970年代までの高度経済成長は人々の生活は豊かになる一方で，労働時間の長時間化や女性の社会進出による共働きの増大等の社会変化を生み出した。コンビニエンス・ストアはこれらの時間に追われる人々の新たな消費者層に適応したのである。②フランチャイズ・システムにとって有利な環境とは，1970年代にかけて総合スーパーマーケットの進出によって，多くの中小小売業者は圧迫されていた。コンビニエンス・ストアは，店舗数拡大のために精巧なマニュアルを提供し，これら経営が圧迫されていた中小小売業者のコンビニエンス・ストア事業への転換を容易にし，加盟店を増加させることが可能な環境が偶然にも整っていたからといえる。

　しかし，コンビニエンス・ストアは大きな岐路に立っている。コンビニエンス・ストア事業が海外で展開されつつある一方で，国内では国内市場の飽和化やフランチャイジーの過重労働問題などの難題が起こっていることから，何らかの規制が加えられていく可能性が高い。この問題について**第9章**で詳細に検討していく。

3-6 eコマース──プラットフォーマー，オムニ・チャネル，DtoC

　1990年代半ばIT革命が起こり，個人のライフ・スタイルを含んだ社会全体が大きく変化した。消費者はインターネットによって，これまでアクセスが困難であった情報を容易に得ることが可能となった。ICT (Information and Communication Technology) の発展は，新たにeコマース (electronic commerce：電子商取引) という新たな流通システムを生み出した。eコマースは，既存の商取引と異なり地理的制約だけでなく時間的制約を受けないことから，これまでにない多くの消費者をターゲットとすることが可能となり急激な成長を遂げている。今日，新しく開かれたeコマースという市場に製造業者・流通業者が市場に参入している。

　このeコマースを牽引するのは，プラットフォーマーと言われるデジタル空間における市場システム（ECモールと呼ばれるインターネット空間上の商店街）を提供し且つ販売を行う企業である。プラットフォーマーは，ICTの発展と並行するように急激に成長し，流通に多大な影響を与えている。

　プラットフォーマーの代表的な企業はAmazon.com（1994年に米国で創業，日本では1996年サービス開始）である。同社は，書籍の販売から事業を展開し，現在では総合的な商品を取り扱っており，2019年には小売業界で世界第4位の地位にまで急速に成長している企業である。同社の急激な成長の要因として，①デジタル空間を利用した豊富な品揃え，②低価格の追求，③物流システムを挙げることができる。

　①デジタル空間を利用した豊富な品揃えとは，同社は商品をメーカーや卸売業者から商品を仕入れ・販売するだけでなく，自身のプラットフォームの利用を希望する他の事業者（販路拡大を望む中小小売業者，中小製造業者など）から手数料を取り，出店させることで品揃えを拡大させることができる（同社のプラットフォームを他事業者に利用させるサービスをマーケット・プレイスという）。同社が自

身のプラットフォームを他の事業者に開放する理由は，自身の有する商品構成だけでは限界があり，他の事業者を巻き込むことで商品構成を拡大することができることにある。これは他の事業者にとっても，Amazon.comというサイトを通じて低コストで多数の消費者との接点を持つことが可能となるメリットがある。このようなデジタル空間を利用した豊富な品揃えは，消費者にも魅力的であるといえよう。消費者は，実際の店舗では数種類の商品しか比較検討することができないが，同社のサイトではAmazon.comが所有する商品だけでなく，そこに出店する事業者の商品を比較検討することができ，満足した選択をすることが可能となる。

　②低価格の追求とは，どんなに品揃えが豊富であっても価格が高ければ消費者は購買しない。Amazon.comは商品の販売方法にセラー・セントラルとベンダー・セントラルという2つの方法を用いている。セラー・セントラルとは，出店事業者が自ら同社のサイトを利用しつつも自身で販売するものである。一方で，ベンダー・セントラルとは，卸売業者がAmazon.comに商品の価格設定及び広告を委託し，Amazon.comの商品として販売する方法である。卸売業者は，サイトを運営するAmazon.comが販売することで，Amazon.comの所有する莫大な情報を基盤とするマーケティングが活用され，更には商品の信頼が増し，売上を伸ばすことが可能となる。Amazon.comの方としても，これらのメリットを付与する代わりに，卸価格の値引きを引き出すことが可能となる。

　③先鋭的な物流システムとは，同社はフルフィルメント・センター（Fulfill-ment Center）という独自の配送センターを有しており，自動ライン化されており24時間体制で稼働している。また，実際の輸送に関しては，外部の物流会社を使用し効率的な物流システムを構築している。この効率的な物流システムを有していることから，Amazon Primeという特別会員に対しては，Prime nowという取扱商品及び生鮮食品（2019年食品スーパー大手のライフ・コーポレーション社と提携）し，配送可能エリアの1時間以内の配送を行うサービスを提供し，消費者から多くの支持を集めている。この効率的な配送システムの成果は単に消費者の獲得に留まらない。出店する他の事業者に対しFBA（フィルメント・バ

イ・アマゾン）という同社の効率的な配送システムを利用するサービスを提供している。これは，他の出店事業者にとって負担となる配送業務を同社の物流システムが代替することで，他の事業者の出店を促す効果を生み出している。

　eコマースにおける急速に発展するプラットフォーマーに対抗するように，既存の流通業態もeコマースに参入しつつある。その代表的な方法が，既存の店舗を有するメリットを活かすことで優位性の構築を目指すオムニ・チャネル（Omni Channel）という戦略である。オムニ・チャネルとは実際の店舗とネット上の店舗の融合を図る戦略で，消費者一人ひとりに適したサービスを提供することである。具体的な方法として，リアル店舗とネット上の店舗の在庫管理を一元化，ネット上の店舗で注文された商品を受け取るといった手法が挙げられる。オムニ・チャネルを採用する代表的なものには，セブン＆アイ・ホールディングスによるオムニ7と，無印良品によるMUJI passportがある。オムニ7では，コンビニエンス・ストアのセブン–イレブン，総合スーパーマーケットのイトーヨーカ堂，デパートメント・ストアの西武・そごうなどを，共通のサイトで利用することができ，注文した商品を最寄りのセブン–イレブン等の実店舗で受け取ることが可能とするサービスである。また，同時に共通のポイント制度を設けることで消費者を一元管理することが可能となっている。また，無印良品が提供するMUJI passportはリアルな店舗とネット上の店舗における商品情報をリンクすることで，店舗ごとの在庫情報を消費者に提供し，利便性を高めている。プラットフォーマーによるオムニ・チャネルへの参入が行われつつある。このような実店舗とバーチャル店舗の融合は，ECモールからも積極的に図られている。先述のAmazon.comも米国で2017年に高級スーパーマーケットのWhole Foods Marketを買収，更にはAmazon Goという食料品店を開業し，実店舗への参入を加速させている。

　ICTの発展は，小売業に大きな変化をもたらしただけではなく，製造業者にも大きな変化をもたらした。ICTの発展が，消費者に情報へのアクセスを極端に容易にしたことで，製造業者は流通業者を経由して商品を販売しなくてはならないという制約から解放された。つまり，製造業者自身のサイトで自身の商

品を販売するDtoC（Direct to Consumer：D2Cと表記されることもある）という直接流通という形態を採用し，自身のマーケティング効率の最大化を図ることができる可能性を得たのである。ICTの進歩によって取引の場がリアルな空間からデジタルの空間に移動しつつあることで，製造業者は自身のマーケティングに適合しない販売を行う可能性のある流通業（例えば，ブランド価値を下げる安売りを実行する家電量販店など）を経由した商品の提供に依存する必要がなくなった。これは製造業者が流通業者を排除し自身で商品するサイトで販売することで，商品のブランド価値を下げる危険性を回避することができることを意味する。例えば，2019年NIKEはAmazon.comにおいて自身の商品が出店事業者によって不当に安く販売されていることに不満を表明し，Amazon.comにおける自社商品の販売を取り止めて自身のサイトでの販売に変更した。NIKEは自身のサイトで直接販売することで，Amazon.comの出店事業者による安売りを回避し，自身のブランドを保護することが可能となった。今後，ブランド力を有する製造業者は自身のブランドの販売サイトを設け，安売りを避ける動きが加速してくことが予測される。

　しかし，このようなDtoCを採用する製造業者は，消費者への販売機会よりもブランド価値を重視する製造業者の場合に限定されることに注意しなくてはならない。ブランド価値を重要視する製造業者の商品は，既存の流通業やプラットフォーマーの利用した場合，流通コストは削減され消費者との接点は増えるものの，逆に他の商品との比較や安売りといった自身のブランド価値を低下させる危険に晒される。しかし，それとは逆に既存の流通業やプラットフォーマーの集客性に依拠することを望む，またはそうせざるを得ない製造業者が大多数だからである。

　このようなプラットフォーマーへの出店事業者（製造業者・流通業者）の依存は，プラットフォーマーの影響力を強めることを意味する。プラットフォーマーは他のプラットフォームとの競争のために，自身のシステムを強化する必要があることから，出店事業者に対し協力を要請するようになる。その要請が出店業者にとって強制となる場合には独占禁止法（優越的地位の濫用）に違反する可能

性が高い。このようなプラットフォーマーをめぐる問題は流通政策における重要な課題となっていくであろう。

(参考文献)

石井寛治（2003）『日本流通史』有斐閣。

石原武政（1994）『小売業における調整政策』千倉書房。

石坂昭雄・壽永欣三郎・諸田實・山下幸夫（1980）『商業史』有斐閣。

佐藤肇（1971）『流通産業革命』有斐閣。

白髭武（1978）『アメリカマーケティング発達史』実教出版。

田村正紀（2008）『業態の盛衰』千倉書房。

徳永豊（1992）『アメリカ流通業の歴史に学ぶ〔第2版〕』中央経済社。

林周二（1962）『流通革命』中央公論社。

矢作敏行（1981）『現代小売商業の革新——流通革命以降』日本経済新聞社。

矢作敏行（1996）「コンビニエンス・ストア・システムの革新性」日本経済新聞出版。

矢作敏行（1998）「総合スーパーの成立——ダイエーの台頭」嶋口充輝・竹内弘高・片平秀貴・石井淳蔵編『マーケティング革新の時代④　営業・流通革新』有斐閣。

宮下正房（1989）『日本の商業流通』中央経済社。

第4章　マーケティングの構造

4-1　マーケティングの出現とその背景

　製造業者のマーケティング活動と流通業者のマーチャンダイジング活動には，その重要性に大きな差がある。**第2章**で指摘しているように，流通業者は消費者の需要に合わせて多くの商品の品揃えを行い，再販売を行っている。その品揃えした商品の中には消費者に選択されず売れ残るものがある。売れ残った商品は次回の品揃えを行う際に仕入れが見送られることになり，流通業者は売上を下げるリスクを自身の選択で回避することが可能である。つまり，流通業者は本質的に需要の不確実性についてリスクを回避する手段を有しているといえる。

　しかし，一方で製造業者は需要の不確実性についてリスクを回避する手段を有しているわけではない。それは，前述しているように商品の販売は，流通業者を経由して行われている点に起因する。1900年代以前の製造業者は自身の工場に巨額の投資を行い生産能力の向上に努めていたが，それだけでは製造業者の安定的な収益は達成することが出来ない。製造業者の安定的な利益は，流通業者によって商品が販売されることによってもたらされる。流通業者が商品を消費者の欲求に対応していないものと判断された場合，市場に商品は供給されなくなり製造業者は投下した資本の回収が困難になる。つまり，製造業者にとって需要の不確実性に対応しなくてはいけない重要度は流通業者の比ではない。

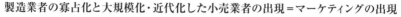

図4-1 マーケティング出現の背景

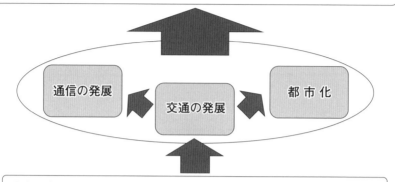

製造業者の寡占化と大規模化・近代化した小売業者の出現＝マーケティングの出現

通信の発展

交通の発展

都　市　化

産業革命による工業化の進展（大量生産が可能な大規模製造業者の出現）

　需要の不確実性は，製造業者によるマーケティングという活動によって対応される。マーケティングは1900年代初頭にアメリカにおいて出現した。アメリカでは，1900年代以前においては，工業化の進展に端を発する大陸横断鉄道の整備（交通の発展）を基礎にして郵便制度の整備と電信・メディアの発展（通信の発展）と，都市化によって増大した消費需要を支える小売業者の出現を背景に全国的市場が成立し，このことにより各地域に点在していた製造業者間に競争が展開されるようになった。製造業者間の激しい競争は製造業者の統合・結合（トラストやカルテル）を促すことになり，1900年代初頭までに多くの産業では少数の大規模製造業者によって構成される寡占体制が形成されるようになった。製造業者の市場の寡占化とそれに伴う生産力の更なる増大は，市場の狭小化を促進した。寡占化以前の製造業者間の競争は未開拓の市場や拡大化する市場の中で展開されるが，寡占化された段階の競争は狭小化が進む市場の中で展開されることから激しいものとなる。大規模製造業者は対峙する他の大規模製造業者との競争に打ち勝つために，狭小化した市場の中で競合他社のシェアを奪い，または自ら需要を創造する必要が出てくる。この寡占化が進む市場にお

ける大規模製造業者の需要創造活動が，マーケティングである。このことから，本書ではマーケティングを行う主体を大規模製造業者として捉えるが，読者の理解を優先し，以後は製造業者として表記する。

　寡占段階にある製造業者は利潤を獲得するために，これまでの生産量の増大に加えて製品差別化とこれを基礎とした広告の展開によって独占価格を形成・維持しようと試みた。寡占化した市場における製造業者間においては，大差のない生産の能力を有していることから価格競争によって勝敗が決まることがなくなり，製品差別化という別次元の競争に移動することになった。製品（商品）は本来的な品質を筆頭に，デザイン，包装，ブランド（商標）などの諸要素を含めた総合的なものから構成されている。製品（商品）が固有の品質によって差別化を創り出すことは非常に困難である。また，たとえ高額なコストをかけて技術的な革新を行ったとしても消費者に正確にその差を認識させることは非常に困難である。製品差別化は，広告によって作られるブランドという無形の独自性によって達成される。この製品差別化された商品の広告は製造業者による流通への介入の第一段階である。製造業者は広告を実施することによって消費者に対し価格ではない新たな評価基準を提供することで商品の価格の安定性を図ろうとするのである。また，広告は消費者の購買欲を刺激する効果があることから商品の消費を後押しすることが可能となる。

　しかし，これら製造業者が製品差別化やそれを推進する広告を展開しても，流通業者に自己の商品の販売を依存している限りにおいて，本来の目的である利潤を上げる価格政策を形成・維持することは困難である。なぜなら，1920年代には低価格政策を展開する流通業者が出現していたことから，製造業者の利潤の安定的な獲得は不安定なものであった。このことから，製造業者は低価格政策を展開する流通業者に対抗するために，価格のコントロール（独占価格の形成・維持）を行うことで，自身のブランドを強化した。このことは，**第5章**にて詳しく検討していく。つまり，製造業者は生産に集中することのみで利潤を達成することが困難になったことから，マーケティングという需要創造・維持の方法を自ら創出し，発展させていく必要があったのである。

4-2　マーケティング

　マーケティングの内容は多面的に見ることができるが，実際にその内容は製造業者が自身がターゲットとする消費者に対し，数多くある競争他社の製品（ここでは製造業者の視点から商品を捉えることから，本節では製品と表記する）と異なる価値を創り出し，いかに価格を設定し，それを消費者に認識させ，どのような方法で消費者にとどけるか，ということに集約することができる。これらの現象はE. J. McCarthyが提唱した4Ps（製品政策Product，価格政策Price，販売促進政策Promotion，チャネル政策Placeの頭文字をとったもの。マーケティングの具体的な内容を示す用語）に集約することができる。個々のPを検討する前に，これら4つのPは各々独自の領域を有する一方で，各々を相互に補完・代替する関係であることに注意しなければならない。例えば，製品差別化されていない商品を広告などで有効に販売促進させることは困難である。4つのPすべてが製造業者にとって需要を創造するにあたって不可欠なファクターであるといえるのである。

(1)　製品政策

　製品とは，製造業者が自身の欲求を満たすためではなく，交換や販売を通じて他者（主に消費者）の欲望を充足させるために製造・加工される生産物を指す。製品は，製品を構成するために必要となる部品として機能する生産財と，消費者にその価値を使い切ることを目的とする消費財に分類することができる。本書では，流通政策に主要な関心を置いていることから消費財に限定して考察を進めていく。

　製品政策は，マーケティング政策の中において中心的な位置を担っている。なぜなら，製品は利益の源泉であることは真理であり，製品そのものがなければその他のマーケティング政策が存在しないといえるからである。

　製品は中核となる製品，実態としての製品，拡大された製品という**図4-2**で示されるように3つの層から構成されてる。

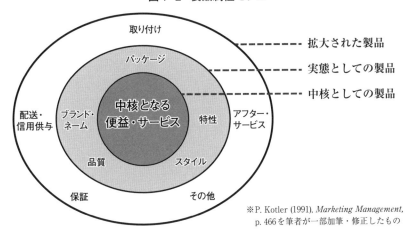

図4-2 製品属性モデル

※P. Kotler (1991), *Marketing Management*,
p. 466を筆者が一部加筆・修正したもの

　中心となる層である中核となる製品とは，消費者が製品を購入することで同時に獲得を期待する便益（満足）である。例えば，SUV（スポーツ用多目的車）を購入する消費者は単に自動車自体を購入しているのではなく，SUVによって提供される価値を購入している。その第1の外層となる実態としての製品は中核となる製品を具現化するものであり，またブランド・ネームやパッケージなども含まれ製品として実体化して消費者に認識されるものである。第2の外層は拡大された製品であり，これは具現化された製品に消費者の要望に対処するために製品に付帯される保証やサービスなどである。消費者はこの有形・無形の3つの層を「便益の束」として製品を総合的に評価している。

　また，すべての製品には寿命があることから，製造業者は恒常的に新製品を開発・導入する努力を行い，市場シェアを維持しなくてはならない。製品のライフ・サイクルは，①多額のコストを費やし市場に製品が導入される導入期，②市場に製品が受け入れられ利益が急増する成長期，③製品が普及し売上が停滞し，また競争他社との競争に多大なコストを要する成熟期，④市場における製品の競争力が失われ，売上が急速に減少する衰退期，に分類することができる。すべての製品は，各期間の時間的な差はあれど必ず衰退期に到達し，その

寿命を終える。

　製品政策及びその他マーケティング政策の目的は，製品差別化によって創出される優位なブランドの確立と，それをもって達成される独占価格の形成・維持にあるといっても過言ではない。なぜならば，製品差別化されることで，自身の製品は競争他社の製品と比較されることがなくなる。製品差別化は，流通段階で展開される価格競争から距離をとることを可能とする。

　製品差別化は，単に製品のみに限って行われるわけではなく，デザインや評判など含む便益の束として展開される。製品差別化は，消費者に製品共通の比較となる基軸となる価格から遠ざけ，品質やブランドといった価格以外の軸で競争することを意味する（これを非価格競争という）。つまり，消費者にブランドが認識されていない場合において低価格は有効に作用するが，製品差別化を通し創出されたブランドという消費者にとって唯一無二の独自性を確立できた場合，低価格は有効に作用しない。このことは，製造業者が消費者にブランドを明確に認識させることによって，消費者の中に独占的な地位を構築することができることから自身に有利な価格（独占価格）を設定することが可能となることを意味する。そして，この製品差別化を通したブランドの確立は，製造業者に長期的な利潤という恩恵を与える。

　しかし，製品政策単体では優位性があるブランドを確立することは不可能である。なぜならば，製品差別化によって基礎づけられたブランドの優位性を消費者が正確に認識できない場合，その有効性は非常に脆弱なものであるからである。多くの製品は品質面において技術的な差別化を消費者に正確に認識してもらうことは困難であり，また技術自体も競争他社に模倣される危険性が高い。製品差別化が有効に作用しなくなった場合には，価格競争に晒されることになる。消費者に対しブランドの優位性を創出・維持していくにはその他のマーケティング政策との連携が不可欠である。

⑵　**価格政策**

　市場が寡占化される以前においては競争他社との製品との間に大きな差が生

じていないことから，競争の基軸は低価格にあり低価格市場シェアを拡大するのに有効な手段として機能していた。しかし，寡占化が進捗することによって，市場シェアを有する少数の製造業者が価格の操作することが可能になった。この寡占市場における製造業者は，単に新規参入を試みる製造業者の動きを抑制し，更には彼らにとって利潤を確保できる価格設定を行うことを志向するようになる。寡占市場における製造業者は，利潤の達成や，市場シェアの維持・拡大などを価格設定の目標として置く。つまり，寡占市場における製造業者の価格政策は長期的な利潤の獲得・維持が目的となる。

　価格設定は，コスト志向型価格設定，競争志向型価格設定，需要志向型価格設定に分類することができる。コスト志向型価格設定とは，コストを算定し，そこに利潤となるマージンを加えるものである。競争志向型価格設定とは競争企業の設定する価格を基準にして自身の製品の価格設定を行うものである。需要価格設定は，①限界費用と限界収入が均等化する点に価格と供給量を定めることで製造業者の利潤を最大化する方法（現実には多数の要因の影響を受けることから現実的には困難な方法），②消費者の心理を利用した方法（慣習価格や名声価格など）によるものである。

　しかし，このような価格設定は，寡占市場における製造業者の安定的・長期的な利潤を保証するものではない。製造業者間の価格競争が展開されるからである。価格競争は製造業者にとって，自身の利潤を大きく減らす危険性がある。そのことから，寡占市場において製造業者間で協調的な行動が採られるようになる。この協調的行動はカルテル（文書を交わす価格協定）や談合（文書を交わさない価格協定）などのような形で出現し，利益を確保するために本来の競争価格水準よりも高価格に設定される。また寡占市場においては，市場シェアの高いまたは新製品を市場に導入した製造業者が需要やコストの変動に対し硬直的な価格設定をし，他の製造業者がそれを追随する管理価格がある。

　このような寡占市場において製造業者間の価格に対する協調的な行動が行われる傾向があるが，競争が完全になくなることを意味しない。競争のステージが，製品差別化を基盤とした非価格競争に移行するのである。製品差別化に成

功した製造業者は非価格競争を展開することによってより自身の利益を確保できるように管理価格の水準をコントロールすることを計画・実行する。

　製造業者が価格競争を忌避しても，製品の所有権が断絶してる流通段階をコントロールすることができなければ終局的には製造業者の利益を確保することは困難となる。一定の流通業者に対するコントロールが及ばない状況で製造業者が製品差別化を基軸とした非価格競争を展開しても，流通業者の段階において低価格競争が展開されてしまうことでその効果が発生しない。そのため，製造業者は自身の利益を確保するために，流通業者に対しリベートや割引などの手段によって流通業者の協力を求める必要がある。製造業者が流通業者に対し再販売価格を指示しそれを遵守する場合には一定の利益を約束し，違反した場合には出荷停止などの処分を科すことで流通業者をコントロールし，自身のマーケティング効果を維持・向上を目的とする再販売価格維持行為が実施される場合もある。しかし，再販売価格維持行為は，米国では 1911 年の Dr. Miles 事件米国連邦最高裁判決において再販売価格維持行為の反競争的効果が認定されていたことから，今日に日本においても著作物を除き違法として取り扱われている（後述するが，2007 年の Leegin 事件米国連邦最高裁判決において再販売価格維持行為の競争促進効果が認定され，今後わが国においてもその取扱いについて変更がなされる可能性がある）。再販売価格維持行為が原則的に禁止されていることから，製造業者はメーカー希望小売価格を示し，同時にリベートや割引を流通業者に行うことで，流通業者からの協力を獲得しようと試みるがその効果は決して高いとはいえない。

(3) 販売促進政策

　販売促進政策の目的は，消費者に対し製品や価格といった明示的な情報を単に伝達することではなく，それを通じて消費者の需要を喚起し，コントロールすることにある。もちろん，販売促進政策のみで消費者の需要を喚起することはできず，需要を創造・維持するには製品差別化された製品の存在が前提である。販売促進政策は，製品の独自性を消費者に対して製造業者が意図した認識

を植え付け，心理的に独占的地位を確立することを支援する。この販売促進政策によって製品の独自性が消費者の心理の中で確立することができることで，自社の製品が競争他社との価格競争に巻き込まれることなく長期的な利潤の獲得・維持が可能となる。

　販売促進政策は，広告，人的販売，パブリシティ，セールス・プロモーションから構成されている。広告とは，有料の媒体を通じて製品やサービスを特定の人々に対し非人的なコミュニケーションといえる。人的販売は，対面方式で直接的にメッセージを伝えることが可能なことから，一方通行ではなく状況に合わせた変更が可能である。但し，販売員の採用・教育には多大なコストが必要となる。パブリシティとは，ニュースなどのマス媒体によって消費者に対して企業の情報や製品の情報が伝達される無料のコミュニケーションである。セールス・プロモーションとは，広告，人的販売，パブリシティを除くその他のプロモーションを指すものである。

　販売促進政策は，ブランドを消費者心理の中に好意的に植え付けることで消費者の支持を獲得する（需要を獲得する）ための方法である。製造業者によるこの消費者への直接的なアプローチの成果は，流通業者によって製品差別化された製品が安売りされるリスクを高めることになるが，一方で所有権が分離し製造業者への協力が不確かな流通業者に対して製品差別化された製品の提供を条件に安定的な協力を求める手掛かりをも得ることが可能となる。消費者に支持される製品は，多くの流通業者の品揃えに際して好意的に捉えられる。流通業者間の競争は単に価格競争のみで展開されるのではなく，品揃えにおいても展開されるからである。また，製品差別化された製品は製造業者が製品の特性に合わせて多くの流通業者に販売するよりも，価格競争の回避に協力してくれる流通業者に対してのみ限定的に販売する選択肢を持つことが可能となる。

⑷　マーケティング・チャネル政策
　寡占化される以前の市場においては，生産から消費に至る流通経路は自然発生的に出現し製造業者はそれを利用しているに過ぎなかったが，寡占化された

市場における製造業者は，既に確立された流通経路ではなく独自の流通経路を構築し，利潤を最大化（独占価格の形成・維持）しようと試みる。この製造業者による流通経路を，マーケティング・チャネルと呼ぶ。

　製造業者がマーケティング・チャネルに介入・コントロールしようとうする目的は，寡占化する市場の中で激化する競争において効率的なマーケティングを実施することで優位性を確立することにある。製造業者のマーケティングの効率化を目的として流通業者を組み込もうとする理由は，流通業者に内包されている「商業の社会性」があるからである。流通業者は，自身の責任の下で多数の製造業者から製品の品揃えを行っている。基本的な性質として，流通業者は特定の製造業者に従属することなく，多くの製造業者から製品を平等に品揃えすることで自身の利益を追求しようとする。つまり，流通業者は本来的に独立した事業者であり，製造業者のマーケティングに特別な協力をする必要性はない。このことは，製造業者の観点からすると，流通業者の自立性は自身のマーケティングの貫徹を妨げることを意味する。なぜならば，製造業者の目的は独占価格の形成・維持することにある。その基盤となる優位なブランドを構築する，製品政策，価格政策，販売促進政策を企画・実施したとしても，製造業者のコントロールの及ばない流通業者の自律性に起因する販売の平等性もしくは非協力的行動（おとり販売など）によって製造業者のマーケティング効率は著しく削がれる危険性があるからである。このため，製造業者は自身のマーケティング成果を挙げるためには流通業者を自身のマーケティング・チャネルに協力するような手段を設ける必要がある。

4-3　マーケティングの構造

　寡占化が進捗していく中で，供給が需要を追い越したことで「作れば売れる」という状況から，製品（商品）が消費者に比較される状況へと変化した。そのような変化の中で，製造業者は製品（商品）自体の機能を高めるよう努力した。しかし，寡占化される市場の中で製造業者による製品の機能やプロモーションに

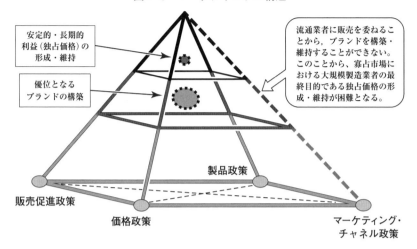

図4-3　マーケティングの構造

安定的・長期的
利益（独占価格）の
形成・維持

優位となる
ブランドの構築

流通業者に販売を委ねるこ
とから，ブランドを構築・
維持することができない。
このことから，寡占市場に
おける大規模製造業者の最
終目的である独占価格の形
成・維持が困難となる。

製品政策

販売促進政策

価格政策

マーケティング・
チャネル政策

よる努力のみで安定的・長期的に獲得することは困難であった。製造業者が最
終的に目指す安定的・長期的な利益は，独占価格の形成・維持によって達成さ
れる。その第1段階として，マーケティング・ミックスの全体プロセスを通し
て消費者から支持される優位なブランドを確立しなくてはならない。しかし，
優位なブランドのみでは独占価格の形成・維持を達成するのは困難である。な
ぜならば製品政策，価格政策，販売促進政策は製造業者が計画・実行しうるが，
先述したように消費者に実際に商品を提供するには殆どの場合において流通業
者を経由する必要がある。流通業者の協力が得られない（流通業者を組み込んだ
マーケティング・チャネルが構築できない）場合において，製造業者が計画してい
た製品政策，価格政策，販売促進政策はその有効性が失われ，当該製品（商品）
のマーケティングは大きな困難にさらされることになる。例えば，優位なブラ
ンドを有するラグジュアリーな商品を市場に導入したとしても，流通業者が自
身の競争相手である他の流通業者と競争する場合において，その競争の最も有
効な手段は低価格競争となる。なぜならば流通業者は通常自身でブランド力を
有する商品を有することは少なく，また品揃えに大きな差を生じさせることが

困難であることから，製造業者がマーケティングを行っている製品の低価格販売が流通業者間における競争の軸となるからである。

そのため，第2段階として，製造業者は自身のブランド及びそれを源泉とする安定的・長期的利益を確保するために流通業者を自身のマーケティング・チャネル政策に取り込む方策を設ける必要が出てくる。その具体的な方策が垂直的マーケティング・システムである。**第5章**において，垂直的マーケティング・システム（Vertical Marketing System：以下，VMSと略記）と日本型VMSといえる流通系列化についてその性格と類型について検討していく。

（参考・引用文献）

秋本育夫・橋本勲編（1973）『独占とマーケティング』有信堂。

石原武政（1982）『マーケティング競争の構造』千倉書房。

猿渡敏公（1999）『マーケティング論の基礎』中央経済社。

田村正紀（1971）『マーケティング行動体系論』千倉書房。

橋本勲（1975）『マーケティング論の成立』ミネルヴァ書房。

三浦信（1971）『マーケティングの構造』ミネルヴァ書房。

光沢滋朗（1980）『マーケティング管理の生成と発展』啓文社。

森下二次也（1962）「独占とマーケティング」吉田義三編『現代資本主義の研究』日本評論社。

森下二次也（1964）『現代の流通機構』世界思想社。

森下二次也監修（1972）『マーケティング経済論（上）』ミネルヴァ書房。

P. Kotler (1991), Marketing Management: Analysis, Planning, Implementation, and Control: 7th ed. Prentice-Hall.（村田昭治監修，小坂恕・疋田聡・三村優美子訳（1996）『マーケティング・マネジメント〔第7版〕』プレジデント社。）

第5章　垂直的マーケティング・システムと
　　　　流通系列化

5-1　マーケティング・チャネルの設計と管理

　製造業者によるマーケティング・チャネル政策は，チャネルの長・短基準，チャネルの広・狭基準を考慮して設計される。

　チャネルの長・短基準とは製造業者−消費者間における流通業者の段階数によって見るものである。製造業者−消費者といった流通業者を介在しない直接流通，製造業者−小売業者−消費者や製造業者−卸売業者−小売業者−消費者といった流通業者が介在する間接流通がある。より多段階となる場合は卸売段階が複数になる。注意すべきは，チャネルが長くなることで製造業者のコントロールが弱くなっていくことである。

　チャネルの広・狭基準とは，チャネル内の販売出口数を基礎とする広狭基準で分類する，①開放的マーケティング・チャネル政策，②選択的マーケティング・チャネル政策，③排他的マーケティング・チャネル政策から構成される。①開放的マーケティング・チャネル政策とは，可能な限り商品の販売出口を確保するマーケティング・チャネル政策である。販売出口を拡大することで商品が消費者の目に届きやすいことを期待するもので，生活必需品などに用いられる。②選択的マーケティング・チャネル政策とは，製造業者のマーケティングに協力する卸売業者・小売業者を選定するものである。但し，同政策において

は専属性を持たせるものではなく，他の競争他社の商品の販売を妨げるものではない。これは，主に化粧品や医薬品などの販売で用いられる。③排他的マーケティング・チャネル政策とは，商品の販売出口を製造業者の定めた基準を満たす流通業者に制限もしくは自らが販売し，製造業者が設定するマーケティングを遂行するものであり，自動車の販売（例えば，トヨタ自動車のディーラー・システム）などで用いられる。

　マーケティング・チャネルの設計基準は，製造業者にとってマーケティング成果を達成する最適なチャネルの方向性を示す。チャネルの長・短基準を基礎に考えるならば，製造業者のコントロールが効果的に作用するのは短いチャネルである。但し，最も短いチャネルは製造業者－消費者という直接流通であるが，これは販売の不確実性を製造業者が負担することになってしまう。そこで，多くの場合，販売の不確実性を回避したい製造業者は流通業者を利用する必要が出てくることに注意しなくてはならない。更に，チャネルが短いことが製造業者のコントロールが効くが反面コントロールに費やすコストが発生・増大することになる（反面，チャネルが長い場合にはコントロールが弱くなることから，その費用は低減する）。

　また，チャネルの広・狭基準を基礎にして考えると，製造業者が商品の市場カバレッジ（露出度）を重要視する場合においては，チャネルのコントロール（管理）を放棄し流通業者に販売を委ねることになる開放的マーケティング・チャネル政策が製造業者にとってベストなマーケティング・チャネル政策になるであろう。一方で，製造業者が自身の商品のブランドイメージを守ることを第一に考えるならば，チャネルのコントロールを重要視する排他的マーケティング・チャネル政策がベストなものとなる。

　以上のことから，製造業者が望むマーケティングを遂行するには，流通業者に対し一定以上のコントロールを課す必要がある。製造業者は流通業者に対しコントロールを課し，最大のマーケティング成果（独占価格の形成・維持）を達成するシステムの構築・維持が計画される。これを垂直的マーケティング・システム（VMS）という。VMSとは，"製造業者の自身のマーケティング政策を実現

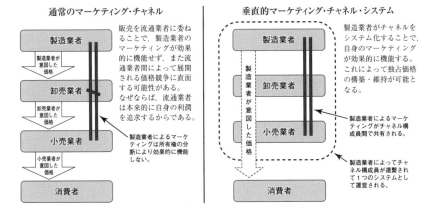

図5-1 大規模製造業者による垂直的マーケティング・システムのイメージ

通常のマーケティング・チャネル

製造業者

製造業者が意図した価格

卸売業者

卸売業者が意図した価格

小売業者

小売業者が意図した価格

消費者

販売を流通業者に委ねることで，製造業者のマーケティングが効果的に機能せず，また流通業者間によって展開される価格競争に直面する可能性がある。
なぜならば，流通業者は本来的に自身の利潤を追求するからである。

製造業者によるマーケティングは所有権の分断により効果的に機能しない。

垂直的マーケティング・チャネル・システム

製造業者

製造業者が意図した価格

卸売業者

小売業者

消費者

製造業者がチャネルをシステム化することで，自身のマーケティングが効果的に機能する。これによって独占価格の構築・維持が可能となる。

製造業者によるマーケティングがチャネル構成員間で共有される。

製造業者によってチャネル構成員が連繋されて1つのシステムとして運営される。

できるように流通業者からの協力を確保し，マーケティング・チャネルをシステム化 (組織化) する一連の行為"である。**5-2**以降では，VMSとその特性について検討をしていく。

5-2 垂直的マーケティング・システムの類型と その内部調整

第4章及び**5-1**において，流通業者間における価格を基軸とした競争に対し，製造業者に安定的・長期的利益をもたらす独占価格の形成・維持には，VMSを構築・維持する必要があるということに言及した。

これらVMSは統合度と統合形態によって①企業型VMS，②契約型VMS，③管理型VMS，の3形態に分類することが出来る。①企業型VMSとは，システム内のパワーを有する特定のメンバーが，所有権を流通段階メンバー間において縦に統合し利益を追求するものである。企業型VMSでは単一資本による内部組織と同様に運営される。企業型システムはシステム構築・維持に多大なコストがかかる一方で，大幅に取引コストを削減することができる。②契約型

VMSは特定のメンバーと他のメンバーが契約によって縦の関係を結ぶことで，システム内におけるパワーを背景にしてチャネルのリーダーシップを採り，システム全体の利益を追求するシステムである。フランチャイズ・システムやボランタリー・システムなどが契約型VMSに該当する。契約型VMSは，契約を背景にして他の資本と結びつくことで資本的結びつきと類似した効果を創出できる一方で，契約は特定期間内においてのみ有効であり，何らかの理由で相手方から契約を反故にされる可能性等のリスクが内包されている。③管理型VMSとは，生産・流通段階にいる１メンバーがチャネルにおける影響力を背景にシステム内のリーダーシップを取ることでシステム全体の目標を達成するものである。管理型VMSの特徴としては，資本や契約といった背景がなくチャネル内における製造業者の影響力にのみ依拠して統制することから比較的そのシステムは不安定にならざるを得ない点を挙げることができる。

　これらVMSの形態を概観すると，契約型VMSと管理型VMSにおいて，製造業者・卸売業者・小売業者が協調的な関係を結ぶことでチャネルが組織化されていることがわかる。その構造的特徴について江尻弘（1983）は以下のように指摘している。

⑴　強力なリーダー・シップの発揮できるチャネル・リーダーが存在している。
⑵　システム構成員は，チャネル・リーダーによって合理的に選ばれる。
⑶　システム構成員は，組織的効率が最も高くなり，集団の一員として構成するように，チャネル・リーダーによって連繋づけられている。
⑷　システム構成員がみな，共通のゴールを目指して努力するよう，チャネル・リーダーによって管理されている。
⑸　システム構成員はみな，集団のルールに服従する意思を持っているし，チャネル・リーダーは集団規範によってシステム構成員を管理している。
⑹　システム構成員は自己の所属するシステムに対して，高いロイヤルティを抱いている。

(7) システム構成員は一丸となり，集団として競争に対処すべきだと考えている。

　契約型VMSと管理型VMSにおいては，チャネルを組織化している以上，管理・維持する責任者が必要となってくる。なぜならば本来的に，システム構成員は独立した個の存在であり，システム構成員が独自の目標をもちシステムの目標と合致しない場合にコンフリクト（衝突）が発生する可能性があるからである。コンフリクトを予防・調整する責任者がシステムにおいて不在であるならば，システムは瓦解することになる。このチャネルにおける責任者を通常チャネル・リーダーという。チャネル・リーダーが，その役割を担う背景にはシステム構成員に対し行使するパワー(権限)を有しているからと考えられている。B. Rosenbloom（1978）によると，パワーとは「特定のチャネル構成員が他のチャネル構成員の行動をコントロールしたり，あるいはそれに影響を及ぼす能力」としている。チャネル・リーダーがシステムを設計し，管理・維持するパワーの基盤として，以下のものがある。

(a) 報酬（reward)→チャネル・リーダーによるシステム構成員がシステムの目標に対する協力について支払われる経済的な対価。
(b) 制裁（coercion)→チャネル・リーダーによるシステムの目標に対し，システム構成員が協力をしなかった場合に行使される罰則。
(c) 専門性（expertness)→チャネル・リーダーがシステムに対する重要な専門的能力。
(d) 同一性（identification)→チャネル・リーダーが持つ理念や心理的な要素にシステム構成員が持つ帰属したいという願望。
(e) 正当性（legitimacy)→チャネル・リーダーがシステムの構成員の行動に影響を与えることができる正当な背景。

　これまで，流通業者は製造業者と比較するとどうしても資本的に小さいこと

が多かったこと等の理由から，製造業者がチャネル・リーダーとなることが多かった。例えばトヨタ自動車のディーラー・システムや松下電器産業のパナショップなど製造業者は中小流通業者に対して諸々のパワーを発揮し，組織化することでVMSを構築し，大きなマーケティング成果を挙げてきた。

　しかし，近年では独占禁止法の運用強化によって製造業者のこのようなVMSを用いたマーケティングが効果的に実施できなくなってきたこと，近年小売業者が大規模化したことで経済的なパワー（バイイング・パワー）を獲得し，また，インターネットの出現による情報技術の発展によって消費者の購買行動の変化が起きたことで製造業者のチャネル・リーダーの地位が不安定な状況が出現してきている。その典型例が2017年の大手家電ディスカウント店のヤマダ電機による船井電機が製造したTVの独占販売であろう。ヤマダ電機はインターネット通販の急激な拡大により家電販売がショールーム化することで売上が減退していることに危機感を覚えていた。一方で船井電機は技術力を有するものの，これまでTVをOEM（相手先ブランド製造）で作っていたことから市場におけるブランド力は低いことあり，SONYや東芝のような他の製造業者との競争において不利な立場に置かれていた。ヤマダ電機による船井電機が製造したTVの独占販売は，ヤマダ電機にとって同店の店頭でしか販売されていない商品を持つことによって消費者を囲い込むことができることから，インターネット通販や他のディスカウント店との価格競争を回避することが可能となる。また船井電機は，ヤマダ電機が船井電機のTVの販売に特別な努力を払うことによって安定的な売上と自社のブランドを育成することができ，船井電機の他の商品のブランド・イメージの底上げが可能となる。これは流通業者主導のVMSといえる。近年コンビニやGMSなどで展開されるPBの拡大はチャネル・リーダーの移行を象徴する現象である。このように小売業者にチャネル・リーダーの地位が移行しつつあることがわかる。

　チャネル・リーダーによってシステムは構築・維持されていくが，それは恒久的なものではない。流通環境の変化に伴ってメンバーの共通目標のズレや利益配分に対する認識についてのズレが生じることから，チャネル・システム内

にコンフリクトが生じるからである。そのため，チャネル・リーダーはこのコンフリクトを調整する必要がある。その方法は交渉による解決，目標浸透による解決，政治的解決といった方法がある。交渉による解決とは，チャネル・リーダーがパワーを以ってシステム構成員との交渉を行ってコンフリクトを調整する方法である。目標浸透による解決とは，システムの共通の目標をシステム構成員間に浸透させるために相互にコミュニケーションを図ることでコンフリクトを調整する方法である。政治的解決とはシステム構成員間のコンフリクトを第三者（政府や法的機関等）による仲介を通して調整しようとする方法である。

5-3 流通系列化（日本型VMS）の類型と そのメリット・デメリット

第4章でも言及してきたように製造業者のマーケティングの究極的な目的は，優位となるブランドの構築と，それによって生じる独占価格の形成・維持にある。この目的を達成するためにシステム内でどのような操作が行われるかを検討していく。その参考となるのが流通系列化における議論である。わが国において，製造業者によるVMSは流通系列化という名称で展開されてきた。ここでは野田実編著（1980）「流通系列化と独占禁止法──独占禁止法研究会報告」及び後述する流通系列化に対する独占禁止法の取り扱いの姿勢を示す流通・取引慣行ガイドライン等を参考にし，その行為類型について検討を加えていく。

　流通系列化の行為類型は，⑴再販売価格維持行為，⑵一店一帳合制（顧客制限），⑶テリトリー制限，⑷専売店制，⑸店会制，⑹委託販売制，⑺払込制，⑻リベートを挙げることができる。

⑴ 再販売価格維持行為

　再販売価格維持行為とは，製造業者が流通業者（卸売業者・小売業者）の販売価格を拘束し，当該製造業者の商品の価格競争を完全に消滅させることである。再販売価格維持行為には，商品の販売価格の上限を定める最高再販売価格維持

行為と下限を定める最低再販売価格維持行為の2つに分けられるが，競争制限的な役割を有し問題となるのは最低再販売価格維持行為である。再販売価格維持行為は直接的に価格に対して制限を加えることから，垂直的価格制限ともいわれている。再販売価格維持行為についての詳細は**第7章**にて検討するが，流通系列化の最大の目的といえる。製造業者の目的は製品差別化を通じて独占価格を形成・維持することにあることから，これを達成する最も直接的な方法ともいえる。しかし，再販売価格維持行為は製造業者の強権的な要求にのみ依拠して達成されるわけではなく，流通業者の協力（もしくは支配）も必要となってくる。なぜならば，再販売価格維持行為は流通業者の販売価格の自由の放棄を意味し，流通業者にとってもそれを補いうるメリットが保証されなければ系列に参加しないからである。流通業者の協力を確保するために，再販売価格維持行為は他の流通系列化の行為類型と併用される。わが国においては独占禁止法によって再販売価格維持行為を原則違法としていることから，再販売価格維持の効果を期待することができる他の流通系列化の類型によって達成が試みられるとの見方が出来る。

(2) 一店一帳合制（顧客制限）

一店一帳合制（顧客制限）とは，製造業者が流通業者間の販売先の獲得競争を制限し，再販売価格の維持を図る等を目的とし，流通業者に対して販売先を特定しそれ以外の販売先と取引できなくするものである。このような顧客制限は製造業者がチャネルを完全にコントロールすることができることから，再販売価格維持行為と類似した効果を有するといえる。また，流通業者の販売先の選択権を奪うことから，当該商品を取り扱う流通業者間の価格競争を完全に消滅させる効果がある。顧客制限には，特定の顧客に対する販売制限，製造業者が承認しない販売業者への販売制限，特定の顧客層への販売制限，売込み禁止期間（大量購入者に対し一定期間の販売を行わせない）などがある。

(3) テリトリー制限

テリトリー制限は，製造業者が流通業者に割当てた一定の地域内における販売を義務付けるものである。テリトリー制限の効果は製造業者の責任販売体制の確立，効率的なアフター・サービス体制，流通コストの削減，流通業者間の競争制限などがある。流通業者間の競争制限の程度が高く，先述の顧客制限効果が高い場合には再販売価格維持行為と類似した効果を有している。また，たとえ流通業者間の競争制限の程度が低くとも製造業者間のマーケット・シェアが高い場合には再販売価格維持行為と類似した効果を発揮する場合がある。テリトリー制限には様々な形態があり，クローズド・テリトリー制限（販売地域を限定し，当該地域のみの販売しか認めないもの），オープン・テリトリー制限（販売地域を限定するが，当該地域内には複数の流通業者が存在する），ロケーション制限（営業拠点の設置を一定の地域内に制限するもの）等がある。

(4) 専売店制

専売店制とは，製造業者が流通網を把握し再販売価格維持を図ること，販売の拡充や専門的能力を持った流通業者の養成を目的にし，流通業者に対して他社商品の取り扱いを禁止または制限するものである。製造業者が流通業者に対して自社商品のみを取り扱わせるように切り替えを強制させるなど，独占的地位の確立・維持を目的に用いられる場合においては競争を制限すると判断される。

(5) 店会制

店会制とは，製造業者がチャネルの系列化をより強固にするために，チャネル組織を横断的に組織（販売業者の連合組織）させることで，同じ系列店間の協調を促進し，再販売価格の維持を補完する役割を果たす。

(6) 委託販売制

委託販売制とは，製造業者が商品の所有権を製造業者に留保し売れ残りや減

失についてのリスクを流通業者に負担させないようすること，アフター・サービスが必要な商品について製造業者の指示及び監督の下で流通業者に販売させる取引制度である。

(7) 払込制

払込制は，製造業者がチャネルの各段階における価格の維持を目的に，製造業者の製品の販売代金を回収するにあたり流通業者から売買差益の全部または一部を徴収し且つ一定期間保管し，当該流通業者に払い戻す制度である。払込制は，製造業者が本来自由にできる売買差益を一方的に保留し，流通業者の廉売を抑制する圧迫行為である。

(8) リベート

リベートとは，製造業者が流通業者に対して一定期間や一定の取引量に応じて支払われる代金の割り戻しであるが，一概に流通系列化の類型とはいえない。高額もしくは過度に累進的である場合，支払い基準が明確ではなく，差別的に扱われる場合，価格の維持を目的とする場合においては，流通系列化のために用いられ競争制限的であると判断される。主なリベートの種類としては専有率リベート（専売店制の維持・促進を目的に，流通業者の全取引額に占める自社製品の取引額の割合に応じて支払われるリベート），累進リベート（競争業者を排除することを目的に自社製品の取扱い高の多寡に応じて累進的に支払われるリベート），忠誠度リベート（指定価格の順守を目的に，一定の販売方式やマーケティングに対する忠誠の程度で支払われるリベート）などがある。

日本型VMSともいえる流通系列化の評価は大きく分かれる。流通系列化のメリットとしては，①社会的分業による利益の増進，②流通チャネルの整理・短縮化，在庫の合理化などによる流通コストの削減，③消費者の欲求の変化などの情報が効率的に伝達され効果的なマーケティングが可能，④チャネルを統合することで充実した販売やアフター・サービスの提供が可能，などを挙げる

ことができる。また，流通系列化のデメリットとして，①流通業者間の競争が制限されることによって価格が硬直化し，価格の引き上げが容易になる，②過大な販売促進費用が費やされ，製品差別化が強化される，③流通業者に対する製造業者による優越的地位の濫用が容易になる環境が形成される，などである。今日の独占禁止法の運用においては，再販売価格維持行為を目的とする流通系列化については，デメリット面が強く評価され規制されている。なぜデメリット面が評価されているかは**第6章**において競争政策（独占禁止法）の観点から検討を加えていくが，**5-4**ではマーケティング・チャネル論の観点からその評価について検討していく。

5-4 流通系列化の評価
——ブランド間競争とブランド内競争

　流通系列化とは野田実編著（1980）によれば「製造業者が，自己の製品の販売について，販売業者の協力を確保し，その販売について自己の政策が実現できるよう販売業者を掌握し，組織化する一連の行為である」として定義づけられている。この文面からのみ流通系列化を判断するならば，流通系列化は製造業者のマーケティング・チャネルの組織化行動として理解することができる。しかし，同報告書において流通系列化の目的を「寡占価格の維持とその価格の下での販売の拡大」にあると言及している。このことからもわかるように，流通系列化とは，メリットとなる製造業者によるマーケティング成果の向上を目的とするマーケティング・チャネルの組織化という評価，デメリットとなる製造業者による流通業者の支配化という対立する2つの評価を併せ持っている。

　なぜこのような両極にある流通系列化の評価が存在するかは，流通系列化によって生じる市場への影響，すなわちブランド間競争の促進及びブランド内競争の減退といった効果をどのように評価するかに集約することができる。ブランド間競争・ブランド内競争の議論が展開されたのは，米国における1970年代の再販売価格維持行為の是非をめぐる議論の中で展開された。ブランド間競

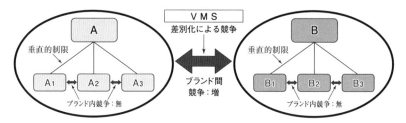

図5-2 VMSによって構成される競争構造（ブランド間競争とブランド内競争の関係）

- ブランド間競争とはVMS間の競争であり，また，ブランド内競争とはVMS内における競争である。
- 製造業者によるブランド間競争は価格による競争が起こりにくいが，差別化競争（非価格競争）は促進される。
- ブランド内競争はシステム内の安定のために価格競争は減退する。

争（inter-brand competition）とは，製造業者によって構築されたVMS間の競争を指し，ブランド内競争（intra-brand competition）とはVMS内における流通業者間の競争を意味する。再販売価格維持行為を基礎とする流通系列化は，製造業者のマーケティング効率を上昇させることからブランド間の競争は促進する（**図5-2**におけるAとBのシステム間を参照）が，一方で垂直的制限を受けているシステム内（**図5-2**におけるAとBのシステム内における$A_1 \sim A_3$と$B_1 \sim B_3$を参照）においてはチャネル・リーダーとなる製造業者によって競争が抑制されることになる。また，**第4章**において指摘しているように寡占市場においては利益を確保したい製造業者の間では価格の協調的な行動が採られる傾向があることから，流通系列化は競争を阻害する可能性もある。流通系列化によってもたらされるメリットよりも，デメリットのほうが大きいことから流通系列化について規制を加えるべきだという主張が日本では強い。

　一方で，流通系列化によってもたらされる効率性（経済性）を考慮すべきという主張がある。垂直的制限が独占禁止法に抵触するような問題を起こすことは市場集中度が高い場合や新規参入が難しい場合などの例外を除いて殆どないことが経済学（産業組織論）で証明されつつあり，近年では日本型VMSである流通系列化は認められるべきであるという主張が増加している。

ブランド間競争を促進する効果について評価の重点を置くならば流通系列化は製造業者によるマーケティング効率を上げる組織化行動として評価することができる。一方で，またブランド内競争による減退によって生じる競争を阻害するおそれについて評価の重点を置くならば流通系列化は製造業者によるチャネルの支配行動となる。マーケティング・チャネル論の視点から流通系列化はマーケティングの効率性を上げる許容されるべき活動であると評価できる。L. P. Bucklin（1970）はVMSについてコスト性，生産性，利益性，経済成長性，公正性，適応性，安定性から評価できるとしている。これを基礎にするならば殆どの流通系列化は十分に効率的であるといえ，すべてのVMSを競争が阻害されるおそれがあると評価して排除することは社会的にみて大きな損失である。VMSによってもたらされる効果を留保するために，競争を促進する効果を有するVMSと競争を阻害する効果を有するVMSを区分けする基準を設ける必要がある。

　流通系列化は独占禁止法の運用強化によってデメリット面が強く今日では評価されている。しかし，世界の流通規制の潮流ではVMSのメリット面を評価し，規制緩和の動きがみられている。**第6章**では，流通政策を概観した後，流通政策の基盤となる競争政策について考察していく。

（参考・引用文献）

石井淳蔵（1983）『流通におけるパワーと対立』千倉書房。

石原武政（1980）「流通系列化の視角と方向」『季刊 消費と流通』Vol. 4, No. 4。

江尻弘（1979）『流通論』中央経済社。

江尻弘（1983）『流通系列化』中央経済社。

片岡一郎（1964）『流通経済の基本問題』御茶の水書房。

川越憲治・田島義博・野田實・河村穰・根岸哲・松下満雄・中村雄一（1980）「流通系列化対策の解説」『別冊商事法務』No. 42。

近藤文男・中野安編著（1985）『流通構造とマーケティング・チャネル』ミネルヴァ書房。

田村正紀「流通系列化と独禁政策」『公正取引』No. 342。

中野安（1975）『価格政策と小売商業』ミネルヴァ書房。

野木村忠邦（1980）「マーケティング活動と流通系列化」『ジュリスト』716号。

野木村忠邦（1980）「垂直的販売制限と独占禁止法」『経済法』経済法学会編 No. 22。

野田実編著（1980）『流通系列化と独占禁止法――独占禁止法研究会報告』大蔵省印刷局。

風呂勉（1968）「マーケティング・チャネル行動論」千倉書房。

風呂勉（1980）「流通系列化規制とその限界」『経済法学会年報』1巻。

B. C. McCammon, Jr. (1970), "The Perspective for Distribution Programming," in L. P. Bucklin (ed.), *Vertical Marketing Systems,* Scott Foresman and Company.

B. Rosenbloom (1978), *Marketing Channels: A Management View* 1st ed., The Dryden Press.

L. P. Bucklin (1970), "Problems in Study of Vertical Marketing Systems," in L. P. Bucklin (ed.), *Vertical Marketing Systems,* Scott Foresman and Company.

L. W. Stern and A. I. El-Ansary (1977), *Marketing Channels,* Prentice-Hall.

O. E. Williamson (1975), *Market and Hierarchies,* Free Press. （浅沼萬里・岩崎晃訳（1980）『市場と企業組織』日本評論社。）

第6章　流通政策①
──競争政策──

6-1　流通政策

　流通政策とは，生産と消費を繋ぐ社会システムである流通を対象とした公共政策と定義することができる。その目的は，流通を社会的に望ましい状態に適合させていくことにある。経済活動の一部である流通において，本来的に市場メカニズムを通じて形成されるべきであり政府が流通活動に積極的に介入することが好ましくないと考えられていたが，現実における事業者の活動を市場メカニズムにのみ依拠し放置した場合には社会効率性が阻害される（一般的に「市場の失敗」という）リスクが発生し，流通の望ましくない状態が形成される場合がある。流通政策の目的は，流通の望ましくない状態を生み出す要因を排除し，流通の望ましい状態を創成・維持してくことにある。

　では，流通の望ましい状態とはどのような状態であろうか。渡辺達朗（2016）は流通の望ましい状態を達成する基準として，流通の効率性と流通の有効性を提案している。流通の効率性とは流通活動に対しどれだけの費用を投入し，それに対しどれだけの成果を得るかで測定され，流通の有効性は流通における競争がどれだけ確保され消費者利益が得られているのかで測定されるものである。流通政策は流通の望ましい状態を創成するために効率性と有効性の双方のバランスを保つ必要がある。しかし，流通政策を講じる際に効率性と有効性がトレ

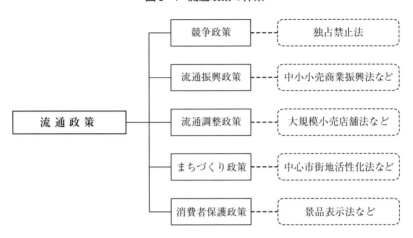

図6-1　流通政策の体系

流 通 政 策
- 競争政策 ----- 独占禁止法
- 流通振興政策 ----- 中小小売商業振興法など
- 流通調整政策 ----- 大規模小売店舗法など
- まちづくり政策 ----- 中心市街地活性化法など
- 消費者保護政策 ----- 景品表示法など

ード・オフの関係にあることから，その流通政策の方向性について議論されることになる。

　流通政策は大別すると，⑴市場という経済社会における重要部門の機能低下を市場の失敗から回避及び復元することを中心に構成を目的とする競争政策，⑵市場メカニズムにおいて弱者となるわが国の流通においてもなお大きな割合を占める中小流通業者に保護・支援を与え自立を促し，また中小流通業者の共通基盤を整備し流通活動の効率化・高度化を促進する流通振興政策（中小流通業・商店街支援），⑶市場メカニズムにおいて弱者となりうる中小流通業者を保護し大規模流通業者との公平な競争ができる環境を整備する流通調整政策，⑷商業による都市機能への貢献の枠組みを提供しようとするまちづくり政策，⑸流通活動が消費者に与える影響が大きいことから行政が消費者を保護することを目的とする消費者保護政策，に分類することができる。各種政策は競争政策を中心にそれを補完するかたちで流通の望ましい状態を創出・維持するために構成されている。

　本章では，流通政策の基本となる競争政策を検討し，**第8章**で，流通振興政策，流通調整政策，まちづくり政策，消費者保護政策を考察する。

6-2 競争政策

　競争は，流通の望ましい状態を達成するために不可欠な要素である。そのため，流通政策の基盤を提供するのは，競争政策であるといえよう。競争政策は，流通における競争を公正且つ有効に作用させ，維持を図ることを目的とした経済政策である。

　競争政策が必要とされる理由は，市場メカニズムが常に機能する訳ではないからである。市場経済が急速に発展を遂げ，成熟化した市場経済は独占企業を生み出した。19世紀末の米国では，スタンダード・オイル社は，圧倒的な市場支配力を背景に積極的に競業他社の買収を進め，石油市場における独占する地位を確立した。このような独占企業の成立は石油市場だけでなく，砂糖や製鉄市場においても起こった。このような競争が展開されない独占市場では，市場メカニズムは有効に機能せず，価格は上昇し消費者利益は大きく損なわれた。このような独占企業を原因とする市場メカニズムの機能不全に対し，自然回復を見込むことは困難なことから米国政府は競争政策の基盤となる反トラスト法を導入し，市場における競争を創出・維持しようと介入した。つまり，市場経済によって生み出された独占企業は独占利潤を得るような企業行動を採ることから，それに対し政府は市場メカニズムの有効性を担保する競争政策を講じる必要がある。この競争政策にその基盤を提供するのが競争法（経済法）である。

　競争法は，主に大戦前のドイツと日本において代表される資本主義経済の経済循環（生産・流通・消費）を直接する統制（独占・カルテルの容認）する経済統制法，米国，戦後の日本に代表される可能な限りにおいて市場の独占による弊害を排除し競争条件を整備することによって市場の自動調整作用を維持していこうとする競争秩序維持法に分類することが出来る。今日，競争秩序維持法としての性格を持つ競争法が資本主義経済国の多くで採用されているが，これは独占・カルテルを排除し競争条件を整備することが，消費者の選択の自由及び企業の機会の自由を確保することになり民主主義社会の成立に繋がるとしていること

を理由にしているからである。

　日本における競争法は独占禁止法であり，独占禁止法の正式名称は“私的独占の禁止及び公正取引の確保に関する法律”である。独占禁止法は，1947年（昭和22年）という戦後の間もない時に制定されている。同法は，当時日本を占領統治下に置いていた占領軍軍司令部（GHQ）の下で，戦前の日本において多大な影響力を有していた財閥解体を目的とした過度経済力集中排除法（1955年廃止）とともに，再び経済力が集中することを目的に制定されたものである。この1947年に制定された独占禁止法（原始独占禁止法ともいわれる）は，作成に大きな影響を及ぼしたニューディーラーと呼ばれる者たちにより社会民主主義的な性格を強く帯びるものとなり，当初モデルとしていた米国反トラスト法よりも厳格なものとして立法された。しかし，その後の米ソの対立に端を発する世界経済の大きな変動から日本経済の強化が急務であったことから1953年（昭和28年）に大幅な改正が行われた。今日の独占禁止法の基本的な体系は1953年の改正後の独占禁止法にあるといえる。また，その後の様々な経済環境の変化に対応するために独占禁止法は幾度の改正を経て今日に至っている。

6-3　独占禁止法の構成

　独占禁止法の目的は，独占禁止法1条に目的が述べられている。独占禁止法1条では「私的独占，不当な取引制限及び不公正な取引方法を禁止し，事業支配力の過度の集中を防止して，結合，協定等の方法による生産，販売，価格，技術等の不当な制限その他一切の事業活動の不当な拘束を排除することにより，公正且つ自由な競争を促進し，事業者の創意を発揮させ，事業活動を盛んにし，雇傭及び国民実所得の水準を高め，以て，一般消費者の利益を確保するとともに，国民経済の民主的で健全な発達を促進することを目的とする。」と定められている。独占禁止法1条において，後半部分（「公正且つ自由な競争を」）については独占禁止法の立法目的が記されており，その方法として前半部分においてはこの立法の目的を達成する方法が述べられている。更に，詳細に分けるならば，

独占禁止法の直接的目的は「公正且つ自由な競争の促進」にあり，「一般消費者の利益を確保するとともに，国民経済の民主的で健全な発達を促進する」の部分を究極的な目的としている。

「公正且つ自由な競争」とは，市場メカニズムが有効に働くことを意味する。市場メカニズムとは，市場における競争が適切に展開されることによって，財・サービスに対する消費者の欲求の変動に対し，企業の生産・流通が自動的に調整されることをいう。つまり，消費者の選択（消費者による自身の利益獲得行動）によって市場が規定されていく状態の創出・維持を独占禁止法は志向しているといえる。

この独占禁止法の直接的目的である「公正且つ自由な競争」を達成するために独占禁止法には，私的独占の禁止，不当な取引制限（カルテル）の禁止，不公正な取引方法の禁止の3つの方法（いわゆる独禁法の三本柱）がある。

私的独占の禁止とは，独占による自由競争システムへの悪影響を排除するものである。市場の状態には，1社のみが市場に存在する独占，2，3社が市場に存在する寡占，複数の企業が市場に存在する複占がある。独占が禁止されるのは，市場が1企業のみによって独占されている場合，他の事業者がその市場への新規参入を阻害する措置を設け，また他の事業者を支配して自身の意思に従わせる行動をとることで，「一定の取引分野における競争を実質的に制限する」危険があるからである。企業間の競争がないことによって，消費者は選択する権利が狭められている，すなわち消費者利益が損なわれるのである。

不当な取引制限（カルテル）の禁止とは，有力な事業者が共謀し市場において本体的に存在する競争を阻害することを排除するものである。市場が独占状態でなくとも，有力な企業が価格協定を結び，また生産量を調整が共同で行われることによって「一定の取引分野における競争を実質的に制限する」ことになり自由競争システムに悪影響が生じる。例えば，価格の協定が有力企業によって同調的に行われることで，消費者は選択の自由が奪われることになる。

不公正な取引方法の禁止とは，自由競争システムに悪影響を及ぼす可能性のある行為を禁止するものである。独占禁止法が考えているところの不公正な取

引方法とは，自由競争を脅かし「一定の取引分野における競争を実質的に制限する」行為を指すことから，市場活動を行っているすべての企業が対象となる。しかしながら，一定の取引分野の範囲は不明確であり，また競争の実質的制限はどの程度のマーケット・シェアを指すのか（独占による排除・支配とはいえないような場合）などの課題がある。そこで，不公正な取引方法として自由競争システムに悪影響を与える可能性（公正競争阻害性）のある行為を，後述する不公正な取引方法を類型化し禁止している。

　独占禁止法はこれら３つの禁止を実現する手段として，行政措置，刑事罰，民事救済を定めている。行政措置として，独占禁止法に違反したと独占禁止法の管轄官庁である公正取引委員会によって判断された場合には，当該違法行為の差止めやその他当該行為を排除に必要な措置を命ずる排除措置命令，もしくは不当な取引制限・支配的（他の事業者の意思決定に制約を加えて自己の意思に従って事業活動を行わせる）私的独占ならびに排除型（既存の事業者の事業活動の継続を困難にさせ，もしくは当該分野への新規参入を妨害する）私的独占を実施した場合や，不当廉売，差別対価，共同取引拒絶，再販売価格の拘束，優越的地位の濫用のいずれかの不公正な取引方法を実施した場合に，条件に応じて一定額の課徴金が課される（不服がある場合には審判手続きに移行する）。刑事罰については，私的独占，不当な取引制限，会社の株式保有・役員兼任等の制限違反等に刑事罰が設けられている。民事救済については，独占禁止法違反の被害を受けた者は公正取引委員会に違反行為の排除措置を求める請求，違反行為者に対して民法709条に基づき損害賠償請求，不公正な取引方法について差し止め請求を行うことができる。

　独占禁止法を所管している官庁は公正取引委員会である。公正取引委員会は，独占禁止法の運用について他の官庁から指揮監督を受けない独立行政委員会であり，委員長及び４名の委員から構成される。公正取引委員会は，独占禁止法1条の目的を達成するために，準立法的権限（2013年の独占禁止法改正により廃止），調査権限，行政処分等の権限を有している。準立法的権限とは，公正取引委員会が，独禁法違反事件の審査・審判に関する規則，不公正な取引方法に係る告

示等の制定をする権限を有していることを意味する。また，調査権限とは，公正取引委員会は排除措置命令や課徴金納付命令の行政処分を科すために事件の概要を調査する権限を有し，また刑事訴追につながる事件を調査するための犯則調査の権限を有している。行政処分等の権限とは，公正取引委員会は，当該行為が調査により独占禁止法違反にあたる行為が認められる場合において排除措置命令，課徴金の納付命令などの行政処分を科す権限を有している（法的措置をとるに足る違反の証拠がない場合には，行政処分にはならないが公表される警告，是正措置の指導が採られる。違反の疑いに留まる場合には基本的に非公表となる注意がある）。

　公正取引委員会は不公正な取引方法の一般指定を行っている。不公正な取引方法とは，すべての企業が対象であり，公正且つ自由な競争を阻害するおそれのある行為を指す。しかしながら，独占禁止法の目的でもある公正且つ自由な競争を定義することは，非常に難しい。その理由は，独占禁止法が企業による権力の集中は消費者の利益を阻害するおそれがあり，それを規制する分権主義的理念を基盤にしている一方で，一定のルールの中で企業活動の自由を確保することでもたらされる革新性や効率性を追求する自由主義的理念を基盤にしている点にある。

　不公正な取引方法の禁止は，私的独占の禁止，不当な取引制限の禁止とともに独占禁止法の三本柱ともいわれているが，同時に他の規制の補完的な役割を担っている。不公正な取引方法の禁止は，すべての事業者を対象とし，事業者の個別の取引方法及び行為を範囲にしている。補完的な役割とは，私的独占の禁止との関連から着目すると，事業者の当該行為はそれ自体としては違法となる経済力の集中から生ずる行為ではないがその行為を放置することによって経済力の集中になる危険性がある場合，それを不公正な取引方法として規制するものである。このような不公正な取引方法を法定類型以外に公正取引委員会は類型化し，指定を行っている（これを不公正な取引方法の一般指定という。また，特定の業種のみを対象とする特殊指定がある）。どのような行為が不公正な取引方法として指定されているかは，次節6-4にて取り上げる。

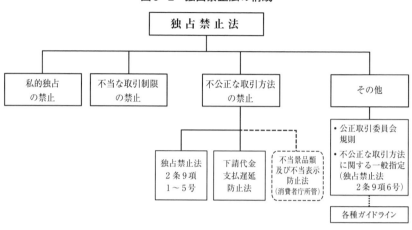

図6-2　独占禁止法の構成

また，公正取引委員会は，独占禁止法の運用基準を示す多数のガイドラインを作成している。公正取引委員会が各種ガイドラインを作成するのは，独占禁止法の条文が抽象的であり個別具体的な事案の検討において，条文がどのように解釈・適用されるかの公正取引委員会の見解を示すためでる。取引上のルールを明確に示すことで，事業活動の停滞を防ぐことを目的にしている。各種ガイドラインは，所管官庁である公正取引委員会の見解を示すものであるが，訴訟においても一定の影響力を及ぼすものである。各種ガイドラインは大別すると，独占禁止法の違反類型の判断基準及び判断要素を示す規定定立型ガイドライン（流通・取引慣行ガイドライン，優越的地位濫用ガイドラインなど），特定の業界やフランチャイズ・システムのような特定の取引類型における問題となりやすい行為についてその判断基準及び判断要素を示した業界啓蒙型ガイドライン（知財ガイドライン，フランチャイズ・システムに関する独占禁止法上の考え方）に分類することができる。流通政策の基軸となる競争政策において，重要な位置を占める流通分野のガイドラインである流通・取引慣行ガイドラインについては**第7章**にて検討していく。

6-4　不公正な取引方法

　不公正な取引方法の禁止は，独占禁止法2条9項，共同の取引拒絶（1号），差別対価（2号），不当廉売（3号），再販売価格の拘束（4号），優越的地位の濫用（5号），公正取引委員会の指定する公正な競争を阻害（公正競争阻害性）するおそれのある行為（6号）から構成されている。同法2条9項1号から5号は課徴金（行政的金銭的不利益）の対象となっており法定行為類型といわれ，6号は一般指定と呼ばれる。2009年の独占禁止法の改正以前は，不公正な取引方法の禁止は1982年に設けられた公正取引委員会による一般指定だけであったが，2009年の改正により共同の取引拒絶，差別対価，不当廉売，再販売価格の拘束，優越的地位の濫用が課徴金の対象となる重大な違反行為として明文化された。それに伴って公正取引委員会が定める一般指定から法定類型は分離された背景がある。この法定行為類型は，原則違法類型（外形のみで判断される）に分類される共同の取引拒絶，不当廉売，再販売価格の拘束，原則合法類型（再販売価格と連動した場合などにのみを除いて合法）とされる差別対価，規範的類型（外形的な事実だけでなくその他の判断要素を含み判断する）とする優越的地位の濫用に分類される。

(1)　共同の取引拒絶

　共同の取引拒絶とは，同業の事業者が結託し，特定の事業者と取引を行わないよう指示する行為であり，ボイコットとも言われる。共同の取引拒絶は，単独の取引拒絶と異なり，他の事業者から商品を購入する自由が奪われることから強い違法性がある。

(2)　差別対価

　差別対価とは，地域または相手方（事業者・消費者）に対し差別的な対価によって商品・役務（サービス）を継続して供給し，またはその供給をうけることをいう。差別対価が問題となるのは，再販売価格の拘束の実効性を担保すること

を目的に，安売りをする業者に対し納入価格を引き上げる場合（競争回避型）と特定の事業者を排除するために競合する地域においてのみ価格を引き下げる場合（競争排除型）であるが，関連する事情を総合的に勘案し個別に判断される。

(3) 不当廉売

不当廉売とは，他の事業者を市場から駆逐し独占を意図するような原価を大きく下回る廉売行為を指す。本来であれば，商品をどのような価格で販売するかは事業者に委ねられるが，原価を大幅に割る販売方法はシェアの低い事業者にとって事業継続を脅かす行為といえる。不当廉売と判断される要件は，供給に要する費用を著しく下回る対価に重点が置かれており，その廉売行為が自身に直ちに損失をもたらすものか否かで判断される。

(4) 再販売価格の拘束

再販売価格の拘束（再販売価格維持行為）とは，商品を販売する事業者が購入した事業者に対し，その商品の販売価格を定める価格決定の自由を奪う行為をいう。再販売価格維持行為には競争阻害性があるものの，一方で近年では経済学の観点から競争促進効果を認められるようになったことで，その評価は分かれる。詳細は**第7章**で検討していく。

(5) 優越的地位の濫用

優越的地位の濫用とは，優越的な力を有する事業者が，相手方に不当に利益を提供させることや売れ残り品の買取りをさせたりすることをいう。優越的な地位が問題となるのは「正常な商慣習に照らして不当」な場合であり，取引上弱い立場にある相手方に不当に不利益となる要求や干渉をする場合である。詳細は次節**6-5**で考察する。

公正取引委員会の指定する公正な競争を阻害（公正競争阻害性）するおそれのある行為（6号）とは，独占禁止法を管轄しわが国の競争当局である公正取引委

員会が，公正な競争を阻害することを要件にして指定する行為であり，これを一般指定という。一般指定には，①共同の取引拒絶，②その他の取引拒絶，③差別対価，④取引条件等の差別取扱い，⑤事業者団体における差別取扱い等，⑥不当廉売，⑦不当高価購入，⑧ぎまん的顧客誘引，⑨不当な利益による顧客誘引，⑩抱き合わせ販売等，⑪排他条件付取引，⑫拘束条件付取引，⑬取引の相手方の役員選任への不当干渉，⑭競争者に対する取引妨害，⑮競争会社に対する内部干渉の 15 類型から構成される。公正取引委員会が一般指定を設けている理由は，①禁止行為を具体的に示すことで事業者の予見可能性を高めること，②指定にかかる告示の制定（独占禁止法 72 条）を通じ，経済実態への変化と個別業種への特性に対し対応することが可能にすること，にある。

　また，一般指定の他に問題が起こりやすい業界のみを対象とした特殊指定がある。百貨店業，新聞業，教科書業，海運業，食品缶詰・瓶詰業，広告業におけるオープン懸賞について公正取引委員会により告示されていたが，今日では新聞業・物流業・大規模小売業以外については既に廃止されている。

6-5　優越的地位の濫用

　優越的地位とは，取引の相手方に対し優越的な地位を利用して，正常な商慣習に照らして不当に不利益を与える以下の行為を指す。①継続的な取引先に対し，自己の商品を押しつけ購入させる行為，②継続的な取引先に対し，自己のために金銭等の提供をさせる行為（例えば，協賛金の要求），③相手方に不利益となるように，取引条件を設定変更する行為，④取引上で相手方に不利益を与える行為，⑤取引先の会社の役員に干渉する行為（例えば銀行の融資先への人事干渉）がある。優越的地位とは，単純に取引当事者間におけるパワーの格差を意味するのではない。ここでいう優越的地位とは，市場支配力を基礎にして取引当事者間において相手方に強制力を有するような関係性である。それは，通常取引においてその資本力等の交渉力が均等であることは殆どなく，独占禁止法の目的が競争の維持に重点を置いているからである。

優越的地位の濫用を禁止する目的は，当該行為によって①取引相手方の自由かつ自主的な判断による取引を阻害する，②取引相手方が競争他社との競争において不利になる，③行為者は自身の競争他社との関係で有利になり，公正な競争が阻害される，これらのことを排除することにある。どのような場合が公正な競争を阻害する可能性が生じるのかの判断については，「優越的地位の濫用に関する独占禁止法上の考え方」（通常，「優越ガイドライン」と呼ばれる）に不利益の程度，行為の広がり等を考慮して，個別の事案ごとに判断することを示している。

また，従来この優越的地位の濫用は特に下請取引において起こる場合が多かった。そのため，独占禁止法の補完法である下請法（下請代金支払遅延等防止法）を設け，親事業者が取引先である下請け事業者に対し製造委託（企画・品質等を細かく指定する）・修理委託・情報成果物作成委託（ソフトウェアの作成等）・役務提供委託（建設を除くサービス）から優越的な地位を利用して，不当に利益を得ることを禁止している。下請法の規定範囲外のような行為を，独占禁止法における不公正な取引方法により，その行為を禁止している。

今日，優越的地位の濫用をめぐる問題が流通市場における重要な問題として認識されるようになってきている。その背景には，ディスカウント店，コンビニエンス・ストア，ECモールのプラットフォーマーなどのこれまでにない巨大なパワーを有した流通業者が出現したことにある。この巨大なパワーを有した流通業者は自身の競争力をシステムに依存することから，取引先企業に対するコミットメントを要請することになる。この取引先企業へのコミットメントがコンフリクトとして表面化する場合に，巨大なパワーを有した流通業者によるシステム強化の動きは，優越的地位の濫用になることがある。この優越的地位の濫用をめぐる新たな流通課題の一部は，**第9章**で取り上げているので参考にされたい。

(参考文献)
石原武政・池尾恭一・佐藤善信（2000）『商業学〔新版〕』有斐閣。

石原武政・加藤司編著（2009）『日本の流通政策』中央経済社。

久保村隆祐編（1970）『マーケティングと独占禁止法』日本生産性本部。

久保村隆祐・吉村壽編著（1984）『現代の流通政策』千倉書房。

実方謙二（1992）『独禁法の原理・原則』総合法令。

鈴木武・岩永忠康編著（1998）『現代流通政策論』創成社。

正田彬・実方謙二編（1979）『独占禁止法を学ぶ〔新版〕』有斐閣。

根岸哲・舟田正之・野木村忠邦・来生新（1983）『独占禁止法入門』有斐閣。

渡辺達朗（2016）『流通政策入門〔第4版〕』中央経済社。

第7章　流通・取引慣行ガイドラインと
垂直的制限へのアプローチ

7-1　流通・取引慣行ガイドライン

　流通・取引慣行ガイドライン（正式名称は流通・取引慣行に関する独占禁止法上の指針）は1991年に制定された。これはわが国の独占禁止法の歴史の中で比較的近年に策定されたものであるといえるが，その背景にはわが国の固有の事情を出発点にして設けられたとは言い難い。ここではまず初めに，流通・取引慣行ガイドラインが策定された経緯を概観していきたい。

　流通・取引慣行ガイドラインは1989年から1990年において交渉された日米構造協議と深い関係がある。1990年前後において，日米間の激しい貿易摩擦が生じていた。当時貿易赤字に苦しむ米国は，1989年に貿易相手国の不公正な取引慣行の是正と是正されない場合の制裁措置を定めたスーパー301条を制定した。米国は，日本に対し貿易障壁として流通制度，マーケティング規制，大規模小売店舗法の3つを指摘し，改善を求めた。日本もこれらの要求に対し貿易摩擦緩和につながらないとして対抗したが，結局はスーパー301条の発動を回避するために日米政府間でこれら日本の流通問題について協議し改善していく日米構造協議が設けられるようになった。当時の米国側の主張において，貿易赤字を拡大する理由の一つとして流通制度と独占禁止法の機能不全が指摘された。すなわち，米国企業が日本市場において参入することが困難である理由は，

流通系列化という制度にあるという主張であった。また，わが国独占禁止法は有効に機能しておらず，市場の健全性が損なわれ，閉鎖的になっているというものであった。日本は米国の要請を受け入れ，是正措置を設けることに合意した。

　流通系列化とは端的にいえば，製造業者のマーケティング効率を高めるために自己の商品を排他的または優先的に販売されるように流通業者を組織化するものである。流通系列化はそれを実行する製造業者間のマーケティング競争（ブランド間競争）を高める効果がある一方で，新規参入を望む製造業者及び流通業者や組織化する原資をもたない小規模の製造業者にとって厳しいマーケティング競争環境が構築される可能性がある。反トラスト法が厳しく運用されている米国市場に参入した自動車やフィルム等の日本企業は大きな成長を遂げたにも関わらず，日本市場においては米国企業に門戸が閉じられていることを米国は問題視した。流通系列化は米国側から指摘される以前の 1980 年において独占禁止法研究会報告による「流通系列化に関する独占禁止法上の取扱い」が公表され，その中で流通系列化が不公正な取引方法に該当する場合があることを指摘されていた経緯があったが，その是非論が展開されている過程にあった。そのため米国側は流通系列化に対し日本の独占禁止法が機能しておらず，米国企業の日本市場への参入を阻害するものと判断したのである。

　1990 年 6 月に日米間において，日米構造協議の最終報告の合意がなされた。その中の流通制度の改善について，①公正取引委員会は流通取引における公正な競争を確保するために独占禁止法の運用を明確に示すガイドラインの作成を 1990 年度末までに作成すること，②公正取引委員会は同ガイドラインに沿って独占禁止法を運用すること，③独占禁止法の違反行為に係る情報収集活動の強化及び違反行為の積極的排除，が盛り込まれるものであった。

　1991 年 7 月に最初の流通・取引慣行ガイドラインが公正取引委員会によって公表された。1991 年の流通・取引慣行ガイドラインは，第 1 部「事業者間取引の継続性・排他性に関する独占禁止法上の指針」，第 2 部「流通分野における取引に関する独占禁止法上の指針」，第 3 部「総代理店に関する独占禁止法上の指

針」から構成されている。

第1部「事業者間取引の継続性・排他性に関する独占禁止法上の指針」は，主に生産財・資本財の製造業者 (生産者) 間とそのユーザー間の取引を形成しそれを維持するための行為，もしくは継続的な取引関係を背景とする新規参入を阻害し又は排除する行為を中心に，不当な取引制限及び不公正な取引方法に対する独占禁止法の考えを示すものである。事業者間の継続的な取引が事業者の自主的な判断において行われているならば，直ちに独占禁止法に問題になることはないが，その行為が新規参入の阻害などの競争を阻害・排除するといった悪影響を及ぼす場合には違法となることから，その行為を示している。違反となる行為は①顧客獲得競争の制限，②共同ボイコット，③単独の直接取引拒絶，④取引先事業者に対する自己の競争者との取引制限，⑤不当な相互取引，⑥継続的な取引関係を背景とするその他の競争阻害行為，⑦取引先事業者の株式の取得・所有と競争阻害行為の，7行為類型から構成されている。

第2部「流通分野における取引に関する独占禁止法上の指針」は，消費財分野の製造業者 (生産者) と流通業者間における製造業者による流通業者に対する様々な取引制限と，小売業者と納入業者間の取引で起こる優越的地位の濫用について，独占禁止法の考えを示すものである。違反となる制限行為として，①再販売価格維持行為，②非価格制限行為 (競争品の取扱い，販売地域，販売方法の制限)，③リベートの供与，④流通業者の経営に対する関与，と優越的地位の濫用行為として，⑤売業者による優越的地位の濫用行為 (押付け販売，返品，従業員等の派遣要請，協賛金等の要請，多頻度小口配送) から構成されている。

第3部「総代理店に関する独占禁止法上の指針」は，国内を対象とする総代理店契約についての独占禁止法の考え方を示すものである。総代理店契約は新規参入のリスクやコストを低減とマーケティング効率の上昇を見込むことが出来るが，一方で契約の対象となる商品及び当事者の市場上における地位または行為によって競争を阻害するおそれが生じる場合があることから，総代理店契約に対し不公正な取引方法の観点から独占禁止法の考えを示している。違反となる制限行為として①競争者間の総代理店契約，②総代理店契約における競争

制限条項（再販売価格の制限，競争品の取扱いに関する制限，販売地域に関する制限，取引先に関する制限，販売方法に関する制限），③並行輸入の不当阻害である。

　1991年の流通・取引慣行ガイドラインにおいて，違反となる行為を行為類型に該当するだけで違反とする行為（米国反トラスト法でいう原則違法 *per se* illegal）と，その行為が競争に影響を与える程度を個別具体的に検討する行為（合理の原則 rule of reason）に分類されその取扱いが異なる。原則違法となる行為として，顧客獲得競争の制限，共同ボイコット，再販売価格維持行為，ディスカウント店に対する取引制限などがある。一方で，再販売価格維持行為と結果的に同様の効果を有する非価格制限行為については，市場閉鎖性や価格維持性などを総合的に勘案されて違法性が判断される。

　また，1991年の流通・取引慣行ガイドラインはその後いくつかの改正を経るが，その内容は独占禁止法の知見を有さない多くの事業者にとっては理解することが難しかったことから批判が多くあった。そのため本来のガイドラインとしての機能を果たしているとは言い難いものであった。

7-2　流通・取引慣行ガイドラインと
米国における垂直的制限規制

　1991年の流通・取引慣行ガイドラインにおける非価格制限に対する取扱いの基準は当時の再販売価格維持行為及び非価格制限の米国連邦最高裁判決の揺らぎと，反トラスト法執行機関の動きに大きく影響を受けている。

　米国においては，1911年にDr. Miles事件米国連邦最高裁判決においてそれまで安定していなかった再販売価格維持行為における原則違法が確定した。しかし，非価格制限行為については1919年のColgate事件米国連邦最高裁判決を皮切りに多くの再販売各維持行為のバイパス・ルートが認められ，1977年のGTE Sylvania事件米国連邦最高裁判決において非価格制限行為について合理の原則の適用が決定づけられた。この背景には，反トラスト法の分野で垂直的制限について，その分析手法であった垂直的制限の競争制限効果を主張するハ

ーバード学派産業組織論と垂直的制限行為の競争促進効果を主張するシカゴ学派産業組織論の攻防があり，シカゴ学派産業組織論の理論が米国連邦最高裁判決において採用されたことを忘れてはならない。同最高裁判決以降，米国における反トラスト法分野おいてはシカゴ学派産業組織論の影響が一層強まり，1984年のレーガン大統領（共和党）政権下司法省において，1982年にシカゴ学派産業組織論の中核をなしていた反トラスト法学者（当時，カリフォルニア大学教授）であったW. Baxter反トラスト局長の下で作成準備が進められ，1985年にこれらを引ぎ継いだ J. P. McGrath反トラスト局長により垂直的制限ガイドラインを公表した。同ガイドラインは議会及び連邦最高裁の反発を回避するために再販売価格維持行為については明確な基準を示すことはなかったが，非価格制限について司法省の主流アプローチを初めて明示するものであり，大きなインパクトを与えるものであった。このころから，垂直的制限に関する規制緩和の傾向が米国において本格的なものになっていったと考えてもよいであろう。

　同ガイドラインは非価格制限のうち，責任地域を課すロケーション条項，他の販売業者のテリトリー内における販売に対する一定の利益保証の取り決め，販売業者数を限定する行為などはこれまでの米国連邦最高裁判決において合法と判断されていることからそれを踏襲している。そのため同ガイドラインの範囲はテリトリー制限，顧客制限，排他的取引制限，抱き合わせ協定となる。

　非価格制限であるテリトリー制限，顧客制限，排他的取引制限については2段階の違法性判断が示されている。STEP 1 では司法省によって製品（商品）市場を緩やかに確定し，次に反競争的効果を及ぼすおそれがないと識別するためにこれら非価格制限に対し市場構造を基礎に勘案にかける（市場構造スクリーン）。原則的に供給市場・流通市場におけるマーケット・シェアが10％以下の場合は合法とされる。ただし，マーケット・シェアが10％であっても，非価格制限を使用する全事業者の供給市場・流通市場におけるマーケット・シェアの自乗和が1200以下，もしくは非価格制限を使用する全事業者の供給市場・流通市場におけるのマーケットシェアの和が60％以下の場合は合法となる。合法となる根拠は単独で市場支配力を保持することは困難であり，またマーケッ

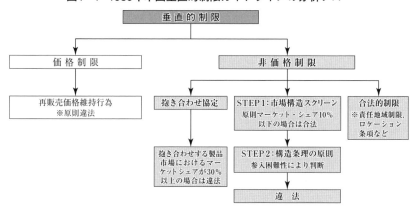

図7-1　1985年米国垂直的制限ガイドラインの分析フロー

出典：上杉秋則 (1986)「第2章　アメリカ」伊従寛編『日本企業と外国独禁法』日本経済新聞社，
　　　p.32を参照し，筆者作成。

ト・シェアが低いことにより共謀や競争者の排除に結びつくことも困難である
からである。STEP 2では，STEP 1をパスすることが出来なかった非価格制
限については参入困難性が市場においてあるか否かが判断基準（構造条理の原
則）となる。参入が困難であるかの判断基準は，①非価格制限を使用する全事
業者の供給市場・流通市場におけるマーケット・シェアの自乗和が1200以上
である，または非価格制限を使用する全事業者の供給市場・流通市場における
マーケット・シェアの和が60％以上，②制限の排他性，③当事者の非価格制限
の目的，④非価格制限の実施者が中小企業か，もしくは新規参入者か，⑤競争
促進的な効率性の根拠を示すことが出来るか，を総合的に勘案して判断される。
　抱き合わせ協定については，抱き合わせを実施しようとする製品市場のマー
ケット・シェアが30％以下であれば市場支配力は認められないとしている。
　わが国の独占禁止法と米国の反トラスト法体系において相違があるものの，
1991年流通・取引慣行ガイドラインの垂直的制限の取扱いについては，米国の
垂直的制限ガイドラインの影響を強く受けているものといえよう。1991年流
通・取引慣行ガイドライン制定以降，25年以上経ち，日本における流通環境が

変化し，また日本の流通政策（競争政策）に大きな影響を与える米国の垂直的制限の姿勢が大きく変化している。7-3では，この変化を受けて，流通・取引慣行ガイドラインは改正が行われていったかを概観していく。

7-3　流通環境の変化と流通・取引慣行ガイドラインの改正

　流通・取引慣行ガイドラインは，前述したように1991年から数度にわたり改正されているが，それは独占禁止法の改正に伴うかたちで行われてきたものに過ぎず，その内容に大きな変更はなかった。流通・取引慣行ガイドラインの内容の大幅な改正が行われたのは2015年・2016年・2017年においてである。2016年の改正は公正取引委員会主催の研究会「流通・取引慣行と競争政策の在り方に関する研究会報告書」(2016)の提言を受けて，前年の2015年の同ガイドラインを更に修正したものといえる。2015年・2016年・2017年と同ガイドラインの改正が連続して行われているが，その呼び水となったのは経済産業省が主催し公表した「消費者インテリジェンスに関する懇談会報告書」(2013)と，その報告書を受け流通・取引慣行ガイドラインの改正の提言を目的に研究会が設けられ，公表された「平成25年度我が国経済構造に関する競争政策的観点からの調査研究（消費インテリジェンスと競争法の垂直的制限規制に関する調査研究）報告書」(2014)である。

　「消費者インテリジェンスに関する懇談会報告書」(2013)において，流通・取引慣行ガイドラインが取り上げられた経緯には，同ガイドラインが事業者の価格とは独立した価値を発信し，ブランドを構築するというマーケティング戦略を阻害している可能性があるという観点から問題が提起された。また，「平成25年度我が国経済構造に関する競争政策的観点からの調査研究報告書」(2014)の中で流通・取引慣行ガイドラインが最初に設けられた1991年当時から20年以上経ち，その間において①取引市場構造の変化（過剰な低価格競争と製造業者と流通業者間のパワー・バランスの変化），②商取引の変化（インターネット小売業の出現），③消費者の購買志向の変化，④海外における垂直的制限に対する規制緩和

などの流通・取引慣行ガイドラインを取り巻く環境について大きな変化があることが指摘されている。その大きな環境変化について概観していく。

　まず，①取引市場構造の変化であるが，家電・食料品などの分野においては製造業者による流通主導は見られなくなり，また大規模流通業者間における競争が激化してきた背景がここ20年の間にあることが指摘されている。価格競争は消費者に影響を与える側面を有するが，反面長期的にデフレ経済を引き起こす。その結果，製造業者の市場規模は大きな減少を生み出すことになった（例えば，家電製造業者の市場を概観すると，1990年6.2兆円→2013年2.8兆円に大幅に減少している）。一方で，デフレ経済の下で大型流通業者が成長を続けた（1990年9.5兆円→2012年12.9兆円）ことで，製造業者に対する大規模流通業者の交渉力（バイイング・パワー）は無視できないものになっている。このような大規模流通業者へのパワーの移行は，製造業者の弱体化を招いた。低価格競争によって利益が低下した製造業者の商品開発力は低下し，長期的にみると魅力的な製品が提供されず消費者利益を損なうおそれがある。

　②商取引の変化は，インターネット小売業の急激な成長とPB（プライベート・ブランド）商品の成長である。インターネット小売業は2000年代半ばから急激に成長し，今後もその成長は続くと予測される。インターネット小売業の成長の背景には実在店舗を持たないことによるコスト節約により低価格で商品を提供することが可能であることから消費者から支持を集めている。また，1990年代においてPB市場は大きなものではなかったが，今やスーパーマーケットの89％はPB商品を導入しており，多くの消費者は商品ごとにNB（ナショナル・ブランド）商品とPB商品の買い分けを行っているが，NBを主に選択する割合は20％程度に留まる。このような商取引の消費者の意識変化に起因する商取引の変化は製造業者にとって厳しい結果をもたらすものである。

　③消費の購買志向の変化は，これまで消費者は低価格であることを第1に考えるという想定をしていたが，近年その傾向に大きな変化が見られている。つまり，値段は高くても品質の高い商品，ライフスタイルに合った商品，安心を得られる商品への購買志向は高くなってきている。しかし，先述したように市

場においては過剰な低価格競争が展開されていることから製造業者の体力は奪われ，終局的には消費者の商品選択が狭まっている状況が生じている。このような乖離は当然，製造業者，消費者にとって好ましい状況とはいえないであろうし，流通業者にとっても利益率の高い商品や売れる商品がない状況は好ましい状況とはいえない。

　④海外における垂直的制限に対する規制緩和は，米国においては先述したように既に 1977 年の GTE Sylvania 事件米国連邦最高裁判決やシカゴ学派産業組織論の反トラスト法への影響力は急速に拡大していたが，垂直的制限の本丸ともいえる再販売各維持行為については 1911 年の Dr. Miles 事件米国連邦最高裁判決以降約 100 年にも渡り，原則違法という厳格な姿勢が守られてきた。しかし，2007 年 Leegin 事件米国連邦最高裁判決において，再販売価格維持行為を原則違法から合理の原則に変更する判決が出された。EU においても，再販売価格維持行為は明白に競争制限するものと判断されるハードコア制限に該当するとして厳格に規制されてきたが，2010 年に EU 垂直的制限ガイドラインが改正され，再販売価格維持行為について一部が合法の扱いに変更され，非ハードコア制限についてはマーケット・シェアが 30% 以下は規制の適用を受けず（一括適用免除規則），30% を超えていたとしても個別審査されることで一定の免除が確保されるようになっている。日本において 1991 年に制定された流通・取引慣行ガイドラインを約 20 年間にわたり大きな変更を行ってこなかったが，この間米国・EU において垂直的制限の競争促進効果が有用である研究が進められてきた。それに対応するかのように世界における流通規制の在り方が変化してきており，独占禁止法の国際的協調という観点からこのようなガラパゴス化といえる状態は日本の事業者と消費者にとって不利益に繋がる可能性がある。

　2017 年に改正された流通・取引慣行ガイドラインでは，流通取引分野における主要な論点として，第 1 部「取引先事業者の事業活動の制限」，第 2 部「取引先の選択」，第 3 部「総代理店」から構成されている。2017 年の改正では，2015 年・2016 年の改正内容が反映されたものとなっており，1991 年に制定された当初の流通・取引慣行ガイドラインの方向性を大きく変えるものであった。

第1部では「取引先事業者の事業活動の制限」においては，再販売価格維持行為，非価格制限行為（取扱商品，販売地域の制限，販売先の制限），リベートの供与について不公正な取引方法の観点から独占禁止法の考えを示している。2015年の改正において再販売価格維持行為に対して，競争阻害効果と競争促進効果とがともに併存していることが示されている。再販売価格維持行為が公正競争を阻害するか否かは，競争阻害効果と競争促進効果があることを勘案した上で流通業者間の競争（ブランド内競争）及び製造業者間の競争（ブランド間競争）の状況を総合的に判断する。非価格制限行為については，市場における有力な事業者によって行われ，新規参入や既存の競争者にとって代替的な流通経路を確保することが出来なくなる場合や当該商品の価格が維持されるおそれがある場合に当たらない限り，問題とならないとしている。ただし，再販売価格維持行為については，「正当な理由がない場合」には競争阻害効果が大きく原則的に公正な競争をおそれのある行為として依然として，公正取引委員会は再販売価格維持行為に対する原則違法の方針を変更していない。「正当な理由」として①実際に競争促進効果が生じブランド間競争が促進され，それによって当該商品の需要が増大し，消費者の利益の増進が図られ，②当該競争促進効果が，再販売価格の拘束以外のより競争阻害的でない他の方法によっては生じえない場合において，必要な範囲及び必要な期間認められる，としている。つまり，再販売価格維持行為が認められることは極めて限定的な場合といえる。また，流通調査についてはその調査によって出荷停止などの流通業者への販売価格に関する制限に伴うものでなければ問題にならないことを明示し，または製造業者が基準を満たす流通業者にのみ商品を取り扱わせ，転売を禁じる選択的流通についても消費者利益の観点から，合理的な理由（製品の品質の保持，適切な使用の確保）を有するもので且つ希望する他の流通業者に対しても同等の基準が満たされる場合には問題にならないことが示された。

　2016年の改正においては，取引先事業者に対する自己の競争者との取引の制限，流通業者の競争品の取扱いに関する制限，厳格な地域制限に対するセーフ・ハーバーの基準が緩和された。セーフ・ハーバーとは，競争を実質的に制

限することとなるとは通常考えられない範囲のことを指し，その範囲に収まる
ものは競争を阻害する恐れがあったとしても市場に影響を与えることが少ない
と判断されることから合法とされる。

　これまでは，市場における有力な事業者（市場シェア10％以上又上位3位以内で
あることを目安）が特定の非価格制制限を行う場合や，当該講義が違法でなくと
も市場閉鎖性や価格維持のおそれのある行為が違法と判断されていた（マーケ
ット・シェア10％未満且つ上位4位以下の企業が非価格制限行為を行っても違法となら
ない）。2016年の改正では，セーフ・ハーバーのマーケット・シェア基準を10
％から20％に引き上げ，順位基準を廃止し非価格制限の一部を緩和したといえ
る。

　第2部「取引先の選択」では，顧客獲得競争の制限，共同ボイコット，単独の
取引拒絶が扱われ，第3部「総代理店」では総代理店契約の中で規定される主
要な事項，並行輸入の不当阻害について取り扱われている。これらの詳細につ
いては，巻末の**付録1** 2017年流通・取引慣行ガイドラインを参考にされたい。

　1991年の流通・取引慣行ガイドラインと比較すると，2015・2016・2017年に
改正された流通・取引慣行ガイドラインにおいて大きな変更があるものの，流
通・取引慣行ガイドラインの中心となる再販売価格維持行為に対する規制は依
然として厳格な規制の路線を採っている。また，米国・EUなど世界的な再販
売価格維持行為を含む垂直的制限規制は大きな緩和が進んでいる中で，日本の
流通政策（競争政策）は経済法の国際的協調の観点から異質なものといえるかも
しれない。

　公正取引委員会は再販売価格維持行為を認める際に「正当な理由」といった
曖昧な表現・基準を設けている。しかし，このような表現ではガイドラインの
本来の目的の一つである事業者にとっての独占禁止法の執行基準が曖昧なもの
として理解され，わが国の製造業者にとって積極的なマーケティング活動を行
う際の足枷になる可能性がある。

　このように流通・取引慣行ガイドラインの改正が行われたものの，再販売価
格維持行為についての取扱いについて明確な基準が未だ示されないのは，再販

売価格維持行為を含む垂直的制限は競争阻害効果と競争促進効果の議論が継続
されているからである。次節7-4では，垂直的制限における論点を整理してい
く。

7-4　垂直的制限における論点

　米国・EUのみならず，日本においても大きな流通政策の中心的な課題とも
いえる垂直的制限規制についての是非論が長く展開されてきたが，今日におい
ては垂直的制限（再販売価格維持行為を含む）の競争促進効果が認められるように
なってきている。なぜ，このように垂直的制限に対する評価が分かれるのかは，
端的に言うならば，非価格制限は再販売価格維持行為を補完・代替する役割を
担っているといえるからである。**第4章**で言及したように，製造業者によるマ
ーケティングの目的は，如何に優位なブランドを確立し，独占価格を形成・維
持することで長期的な利益を得ることにある。再販売価格維持行為が早期に展
開された英国や米国において，経済的な理論的な根拠がないまま，再販売価格
維持行為によってもたらされる成果の一側面がカルテルに類似していると判断
されたことから原則違法とされてきた。そのため製造業者は製品の所有権の断
絶から生じるマーケティングは有効に作用しなくなった。再販売価格維持行為
の原則違法によって生じるマーケティングの不全を回避するために製造業者は，
再販売価格維持行為と同じ成果を期待できる非価格制限といった手段を創出し
たといっても過言ではない。本節では垂直的制限においてはその目的を再販売
価格維持行為と捉え，再販売価格維持行為の競争促進効果と競争制限効果の双
方を比較し考察する。

　再販売価格維持行為の競争促進効果は様々な点で認めることが出来る。まず
第1の理論としてP. T. CheringtonやR. S. Butlerが提唱した「マーケティング
効率性向上理論」がある。再販売価格を維持するために流通経路（マーケティン
グ・チャネル）数を限定することは，各流通業者に対し規模の経済を得たり，設
備や販売員の訓練のような固定費をより多くの販売額に拡散したりすることで，

製品の流通費用を低下させ，流通業者に対して製品開発や市場開発費用の回収を担保することが可能になる。このことは新規に市場に参入を図る製造業者にとって事業機会を増やすことになる。また，この理論に拠れば再販売価格維持行為はディスカウンターに対し，自身の製品の信頼・評判（Goodwill）を守るために，数少ない有効な手段であるとしている。第2の理論として，L. G. Telser, R. A. Posner, R. H. Bork らが提唱した「ただ乗り防止理論」がある。非価格制限を課し流通経路数を制限することで，条件を満たすディーラー（製造業者が契約を結んだ流通業者）を通じて消費者に対して製造業者が望む商品説明などの特別なサービスを提供することが可能になることになる。技術的に複雑な製品（自動車，PC，化粧品など）の効果的なマーケティングを実行するにはディーラーによる商品に対する特別なサービス提供を伴うことが非常に効果的である。Telser は再販売価格維持行為の目的を特別なサービスを提供しないディーラーから自身に協力的なディーラーを保護するためにあるとしている。例えば，サービスを提供する対価が保証されない場合においては，サービスを提供しているディーラー A が，サービスを提供しないディーラー B に自分が消費者に提供するサービスがただ乗り（free ride）されるかもしれないという理由から，ディーラー A は当該サービスの提供を抑制するかもしれない。Posner は再販売価格維持行為を含む垂直的制限の目的は製造業者のマーケティング競争の原資を獲得するものであり，またディーラーの特別サービス提供によって構築された製品差別化（優位なブランド）ブランド間競争を促進し，また新規参入を容易にする効果があるとしている。第3の理論として，第2の理論であるただ乗り理論を補完した「品質保証理論」がある。H. P. Marvel と S. M. McCafferty は消費者が高品質・高性能の製品を販売する優良なディーラーに対し信頼を置くことに着目した。そのようなディーラーは消費者からの信頼を確保するために一定の投資を行っていることから，もしただ乗りされる商品がある場合には優良なディーラーは投資を回収することが困難になることを回避するためにそのような商品を取扱わなくなる。同理論は，再販売価格維持行為はこのような品質を保証してくれる優良なディーラーの離脱を含むためにも必要なものである。

第 4 の理論は，B. Klien と K. M. Muphy が提唱した「ディーラー・サービス確保理論」である。再販売価格維持行為は，製造業者がディーラーに対して提供したサービスを他の製造業者の商品の販売に用いることを妨げることによって，製造業者はマーケティング効率を上げることができる。この理論によれば，再販売価格維持行為はきわめて多くの状況において製造業者のマーケティング効率を高めに，ディーラーに対し消費者の望む商品の品質やサービスの提供を保証する製造業者の原資を提供するものであり，独占価格を確保するものではないと考えるものである。

　次に，再販売価格維持行為の競争制限効果について考察する。競争制限効果として，第 1 の理論は，E. W. Chamberlin や W. S. Comanor らが展開した「製品差別化強化理論」である。差別化された商品に対する需要は非弾力的になり，たとえ製品の価格を上昇させてもその商品を選好する消費者はその商品を購入し続ける。これは当該商品の製造業者が市場を独占していることと類似している。つまり，当該商品市場内においてはブランド内競争・ブランド間競争は有効に作用せず，当該商品市場内の価格支配が可能となることを意味する。反面，製品差別化（優位なブランド）はマーケティング競争の結果によって確立されるが，同理論において，それは再販売価格維持行為によって生じる競争制限の損失を補うに足るものではないと考える。第 2 の理論は，M. Scherer や R. Steiner による「配分非効率理論」である。同理論は，ある製造業者が垂直的制限を採用し利潤を獲得した場合において競争他社も自己の顧客を奪われる危険性があることから，これを回避するために同様に再販売価格維持行為が採用される。再販売価格維持行為が業界全体において展開されると，販売促進費だけが増大し，また市場細分化を加速することになり規模の経済性の喪失から配分効率性が損なわれるとするものである。また，Steiner は別の観点から同理論を補足し，垂直的制限（主に再販売価格維持行為）が業界において広範に採用されるならば新しい形態のディスカウンターの出現を停滞させることから，経済学的な視点から再販売価格維持行為は非効率的であるとした。第 3 の理論は，R. Pitofsky によって展開された「カルテル類似効果理論」である。同理論は，再販売価格

維持行為が同業の製造業者間で並行的に実施された場合には，製造業者間または流通業者間においてもカルテルと同様の効果を認めることができ，消費者利益が大きく損なわれることを指摘した。この理論は再販売価格維持行為の競争制限効果について初期の段階から言及されてきたものである。同理論との相違点があるとするならば，同理論では再販売価格維持行為にはカルテルを生み出す土壌を提供するが，ディーラー・サービスが必要な製品については例外的に認めるとしている点である。

　公正取引委員会が，2016 年のガイドライン改正において，再販売価格維持行為を除く垂直的制限のいくつかの行為を市場に大きな影響力を持たない製造業者（2016 年の流通・取引慣行ガイドラインでは 20％）が行う場合には，優位なブランド構築を形成するのに大きな役割を果たすといえることを認めた。しかしながら，未だに垂直的制限の最大の目的となる再販売価格維持について原則違法という姿勢に大きな変化は見られない。その背景には様々なものがあるが，大きな理由として再販売価格維持行為が有する競争制限効果の質と重さにある。つまり，再販売価格維持行為には，独占禁止法が重要課題に挙げる独占及び集中の禁止と不当な取引制限の禁止に将来的に結びつく危険因子があるからである。再販売価格維持行為が進むことによって，製品差別化に成功し有力な製造業者が市場を独占する土壌を作り出す可能性がある。また，再販売価格維持行為が他の有力な製造業者によって展開された場合には，カルテルと同様の結果をもたらす可能性がある。

　公正取引委員会が再販売価格維持行為による僅かな可能性だが重大な結果を重く捉えて，厳格な規制を維持することについては一定の理解はできる。しかし，僅かな可能性によって，重大な結果をもたらすとはいえない競争促進効果が大きく認められるような再販売価格維持行為についてまで厳格に規制が及ぶことについては議論すべき余地がある。公正取引委員会も 2015 年のガイドライン改正において「総合的に考慮」し，再販売価格維持行為が違法とならないという判断を示しているならば，更にもう一歩踏み込んでその基準を明確に示す必要がある。そうしなければ，事業者が正当な理由を公正取引委員会に問い

合わせることで，自身の再販売価格維持行為が違法となる可能性を示すことになり，結果としてマーケティング効率をあげるもので合法な場合であっても再販売価格維持行為を採用しない可能性が高い。

　再販売価格維持行為が違反とならない基準を明確に示すことによって，一部の新規参入やマーケティング効率を向上させたい製造業者が積極的に採用をする。一部としたのは，垂直的制限はコストがかかるのですべての製造業者や製品に適している訳ではないからである。また，再販売価格維持行為によって市場における商品の価格が全体的に上昇するといった見解があるが，消費者は非合理的な価格であると判断したならば再販売価格維持行為がなされている商品の購入をしないであろうし，そこに市場参入への機会を見出す製造業者が存在することで新規参入も行われることから消費者の商品選択の幅は広がり消費者利益を損なうことはないであろう。今日のようなグローバル経済化において他国製造業者の商品が日本市場に進出している中で，一定の基準内であれば再販売価格維持行為による市場に及ぼす競争制限効果があることは想定できず，むしろ再販売価格維持行為を採用することが出来ることによってマーケティング効率が上昇し製品の競争力が増し，また消費者にとっても利益を得られる状況が生まれる。

（参考・引用文献）

伊従寛編（1986）『日本企業と外国独禁法』日本経済新聞社。

大槻文俊（2004-2005）「垂直的制限の反競争的効果に関する反トラスト学説の検討(1)-(4)——経済的効果と反トラスト法の目的に着目して」『北大法学論集』55巻5号，56巻2号，3号，4号。

白石忠志監修（2015）『ビジネスを促進する　独禁法の道標』レクシスネクシス・ジャパン。

保原文俊（1999）「垂直的非価格制限事件における市場分析——Sylvania判決以後のアメリカ連邦控訴裁判所判決」『北大法学論集』50巻3号。

松下満雄（1982）『アメリカ独占禁止法』東京大学出版会。

村上政博（1987）『アメリカ独占禁止法——シカゴ学派の勝利』有斐閣。

矢部丈太郎・山田昭雄・上杉秋則（1992）『流通問題と独占禁止法 1992年度版』国際商業出版。

矢部丈太郎・山田昭雄・上杉秋則（1996）『流通問題と独占禁止法 1996年度版』国際商業出版。

E. T. Grether (1951), "'Fair Trade' Price Regulation in Retrospect and Prospect," in H. G. Wales (ed.), *Changing Perspectives in Marketing*, University of Illinois Press.

E. T. Grether (1966), *Marketing and Public Policy,* Prentice-Hall Inc.（片岡一郎・松岡幸次郎訳（1979）『マーケティング行動と政府規制』。）

U.S. Department of Justice (1985),〝Vertical Restraints Guidelines.〟（公正取引委員会事務局官房渉外室訳（1985）「垂直的制限ガイドライン」国際商事法務 Vol. 13, No. 3。）

Continental T. V., Inc. v. GTE Sylvania Inc., 433 U.S. 36 (1977).

Dr. Miles Medical Co. v. John D. Parks & Sons Co., 220 U.S. 373 (1911).

Leegin Creative Leather Products, Inc v. PSKS, INC., DBA KAY'S KLOSET...KAY'S SHOES, Inc., No. 06-480, (2007).

United States v. Colgate & Co., 250 U.S.300 (1919).

第8章 流通政策②
流通振興政策・流通調整政策・
まちづくり政策・消費者保護政策

8-1 流通振興政策

　流通振興政策とは，激しく変化する流通への環境に対する中小小売業への適応支援策といえる。流通振興政策は，1932年の日本におけるデパートメント・ストアの急速な発展に直面した中小小売業への支援を目的に制定された商業組合法に起源がある。戦後においては，1948年に中小企業庁が創設され，1962年には商店街に対し共同事業（仕入れや保管）や環境整備事業（アーケードの設置）などを目的とした商店街振興組合法が立法され，資金面などで支援体制の整備が行われた。しかし，1950年代末ごろからの流通の近代化が急速に進行していったことで，政府は流通振興政策の性格を中小小売業の支援だけに留まらず，その近代化を図ることを決定した。

　流通近代化を目的とした流通振興政策は，①中小小売業の集積である商店街の魅力を高めることで競争力の獲得を志向する商店街活性化，②中小小売業が集まることで集積のメリットを生かす店舗共同化，③同業種の中小小売業が仕入れ・配送などの店舗運営の効率性を達成するボランタリー・チェーンの組織化を中心に進められ，1973年に中小小売商業振興法が制定された。しかし，近代化を図ったものの中小小売業の衰退を止めることはできなかった。中小小売業の近代化の失敗の要因は，中小小売業は本来独立した存在でありそれらの連

帯を形成することに限界があったことや支援自体の継続性に課題があった。1991年には中小小売商業振興法が改正されたが，これは中小小売業の役割をまちづくりの構成要素として捉え直すものであり，中小小売業に“まちづくりの担い手”という新たな性格付けを行うものであった。つまり，流通振興政策は，中小小売業の支援・近代化から，まちづくり政策へとその性格を変化させたのであった。まちづくり政策は流通振興政策と後述する流通調整政策の展開過程の中で生まれた。その政策の志向性が大きく異なることから，別個考察していくこととする。

　また，流通振興政策には，中小小売業や中小卸売業の競争力を高めることを目的として，適切な立地（例えば，卸売団地の整備や駅周辺の既存商店街の整備）に転換する立地適正化政策，流通をシステムと捉えて物流や情報を横断的に共有し生産性や機能の向上を図る流通基盤を提供する流通システム化政策もある。

8-2　流通調整政策

　流通調整政策とは，激しく競争が展開される流通市場において，その競争環境を調整することで中小小売業の保護を図る政策である。流通振興政策と流通調整政策は，共に流通市場において生じる競争の負の結果に対し講じられるバランス装置といえる。流通振興政策が競争に対応できるように中小小売業を支援するのに対し，流通調整政策は大規模小売商業の事業活動を抑制し，流通振興政策によって期待される中小小売業の競争力の強化という成果が出るまでの猶予期間を作り出す保護的役割を担っている。

　流通調整政策の歴史は，1937年の百貨店法の制定から始まる。戦前においてデパートメント・ストア（百貨店）が唯一の大規模小売業であり，デパートメント・ストア間における過当競争だけでなく，圧迫されつつあった中小小売業との競争を調整するためにデパートメント・ストアに対し出店規制や休店日数の設定などの規制を行うものであった。その後，太平洋戦争が起こったことで国内は物資不足に陥り，その必要性は失われ，戦後においては百貨店による中小

小売業への競争阻害行為は1947年に制定された独占禁止法により規制されることになったことで，同法は廃止された。しかし，戦後に日本経済の復興が進み，それと並行する形でデパートメント・ストアも復調していった。その結果，戦前と同様にデパートメント・ストアによる中小小売業への圧迫が再度表面化してきたのである。また，デパートメント・ストアではその資本力を武器に返品や値引き，派遣店員の要請が横行し中小卸売業に対しても脅威となっていた。当時の政府はデパートメント・ストアの中小小売業への圧迫に対して戦前と同様に1956年に百貨店法（戦前の百貨店法と区別するために第2次百貨店法という）を制定し出店の許可制，売り場面積の制限，休店日日数の設定などを定めた。また，中小卸売業への圧迫に対しては1954年に独占禁止法の不公正な取引方法における特定業界（特殊指定）を適用対象とする百貨店業特殊指定を告示した（2005年に百貨店特殊指定は廃止され，新たに大規模小売業特殊指定に組み込まれた）。

　1960年代に入ると，高度経済成長に伴って食料品を含む日用品の販売を行う総合スーパーマーケットが急激に台頭した。その背景には，急速な経済発展に伴う国内需要の急拡大以外にデパートメント・ストアが百貨店法によって規制される一方で，デパートメント・ストアほどの売り場面積を有さない総合スーパーマーケットは規制の対象とならず急激に店舗数を増やすことが可能であったこともある。総合スーパーマーケットの台頭に苦しむデパートメント・ストアと中小小売業は，政府に対し総合スーパーマーケットの規制を要求した。その結果，百貨店法が廃止され，総合スーパーマーケットを含んだ大規模小売業を規制の対象とした大規模小売店舗法（大店法）が1973年に制定された。同法では，百貨店法では各フロアを別会社にすることで売り場面積に対する規制の対象から免れることが可能であったが，店舗面積（1500m²未満，政令都市では3000m²未満）で規定する等により厳格に規制されることになった。その後，幾度となく同法は改正・強化されることになったが，総合スーパーマーケットをはじめとする大規模小売業の競争力が長期間抑制されたことで，2000年代以降のグローバルな小売競争において大きな遅れを取ることとなった。

　このような大店法を中心に中小小売業を保護を目的とする流通調整政策に，

1980年代後半に大きな変化が起こった。1989年に当時米国の貿易赤字の解消が議題となった日米構造協議の中で，米国は貿易赤字を生み出す要因の一つとして流通系列化とともに大規模小売店舗法を問題視し，その撤廃を要請してきた。米国の廃止要請に対し，わが国は大規模小売店舗法廃止ではなく大幅な規制緩和という形で譲歩案を提案し，決着した。1990年には運用適正化措置（行政レベルの通達）が行われ出店調整期間の短縮や出店抑制地域の廃止等が決定され，1992年の改正では対象となる店舗の売り場面積は$1500m^2 \rightarrow 3000m^2$未満，政令都市では$3000m^2 \rightarrow 6000m^2$未満に緩和し，1994年の同法の見直しでは売場面積$1000m^2$未満の出店自由化，休店日数や閉店時刻の緩和等が行われることとなった。1998年にはそれらを明文化し，都市計画を目的とする大規模小売店舗立地法が制定された（同法が制定されたことで，大規模店舗法は廃止されることになった）。

　今日，流通調整政策はその役割を終えたといっても過言ではない。その背景には，小売業の急激な環境変化がある。1990年代には総合スーパーマーケットを中心とした低価格販売の定着化，郊外へのショッピングセンターの進出，中小小売業の競争力が決定的に減退したことによる政治への圧力が低下したこともあり，中小小売業を保護しようというムーブメントが急速に失われていった。また一方で，このような中小小売業の環境変化は都市商業の空洞化という新たな問題を生み出した。このような経緯から今日の流通調整政策は本来の目的とする中小企業保護の性格から，**8-3**のまちづくり政策を支える立地規制の性格へと方向転換が図られた。

　また，流通調整政策の基礎の一つに小売市場の乱立を防止することを目的とした1959年に制定された小売商業調整特別措置法（商調法）がある。小売市場とは日用品を扱う中小小売業が自主的に形成する10店舗以上の商業集積の一つであるが，市場を開設・運営するディベロッパーにより1950年代に小売市場が多く開設された。高い賃料を要求するなどの小売市場を運営する悪徳ディベロッパーの出現や，中小小売業への経営圧迫などもあり，流通秩序の安定を図ることを目的に開設の許可制や他の小売業態との紛争の調整を定める同法が制

定された。1977年には中小企業保護の観点から大企業による特定分野への参入等を規制する分野調整法（正式名称：「中小企業の事業活動の機会の確保のための大企業者の事業活動の調整に関する法律」）が制定されたが，小売業は地域性が強いことを理由に小売商業調整特別措置法を改正・強化した上で適用除外とするものであった。

8-3　まちづくり政策

　先述したように中小小売業に対する政策であった流通振興政策と流通調整政策は，大きな流通環境の変化によりその成果を上げることが困難となっていった。両政策は競争からのバランスをとることを目的とした中小小売業の支援・保護の方向から，中小小売業をまちづくりに必要な構成要員と捉え，支援の目的をまちづくりに移行させた。

　まちづくり政策の始まりは，大規模小売店舗立地法（2000年施行・2006年改正）・改正都市計画法（1998年施行）・中心市街地活性化法（1998年施行）の3つの法律から構成される「まちづくり三法」の制定にある。大規模小売店舗立地法は，先述したように総合スーパーマーケットのような大規模小売業の出店を緩和したものである。大規模小売業の発展は今日の消費生活に不可欠な存在となっているが，大規模小売業の出店を容易に認めてしまうことによって交通渋滞の発生や治安の悪化などの外部不経済といった問題が危惧された。そこで同法は大規模小売業の出店を生活環境の保全の観点から，地元からの意見を求めた上で自治体が改善点を示し，大規模小売業に対し対応策を求めるものである。大規模小売業を中心としたまちづくりの環境整備といった側面を提供するものといえる。改正都市計画法とは，都道府県や市町村が都市計画に基づいたまちづくりを進めるために，土地や建物の用途を規制するための法律であり，前述の大店立地法の制定に伴い，都市計画法は市町村が自主的に商業立地政策を進めることができるように改正された。これに伴って，自治体の判断により，地域の特性に応じた出店調整が可能となったのである。

中心市街地活性化法とは，モータリゼーションの進行や商店街を形成する中小小売業の衰退によって生じた都市の空洞化問題に対して，中心市街地の活性化を目的とした政策を体系化したものである。同法は，中小小売業を中心市街地の活性化を担う重要な存在の一つと捉え，自治体にまちづくりの主体性を与えそれを支援する仕組みを提供した。つまり，同法によって，中小小売業の役割を単に地域経済における重要な担い手だけでなく，コミュニティを担う重要な担い手という性格付けを行うことで，中小小売業の支援・保護策を講じたのであった。

まちづくり事業は商工会議所や第三セクター公益法人等が母体となるタウンマネジメント機関（TMO）等が中心となって主に中小小売業等の活性化に関する事業と市街地の整備に関する事業を進められることとなったが，TMOを中心としたまちづくりは，国による人件費の支援がないという制度上の問題や，商工会議所が中心となるTMOではまちづくりの事業運営のノウハウがないことでその成果は低調なものであった。そこで，2006年に同法は改正され，TMOを基盤としたまちづくりから，中心市街地整備推進機構やまちづくり会社，商工会議所等により構成される中心市街地活性化協議会が創設されるようになった。また，同改正において中心市街地の支援事業の認定を受けるためには国の基本方針に基づいた中心市街地活性化基本計画の策定，市街地の整備事業や街なか居住の推進等の支援措置の拡充等が行われることから，旧法が改善されたものとなっている。同法は新しいまちづくり政策の方向性が示されたものとなっている。

8-4　消費者保護政策

消費者もまた，企業間の競争の中で大きな影響を受ける存在である。そして，企業に比べると様々な面から弱者といえよう。流通政策の根底には，企業間の競争を維持することで，消費者利益に結び付くという基礎があるが，一方で企業間（製造業者間・流通業者間）の激しい競争の展開により消費者に悪影響がも

たらされる場合がある。流通政策が，競争を通じた健全な流通の確立・維持を通じた消費者利益の確立を目的とするならば，競争によって生じる可能性のある弊害から消費者を保護する方策を講じる必要である。

　流通市場における消費者保護の基礎を提供するのは，1962年に制定された不当景品類及び不当表示防止法（以下，景表法）である。同法の制定以前においては，1934年制定の旧不正競争防止法や1953年に改正された独占禁止法における不公正な取引方法の一類型として取り扱われてきた。しかし，1960年代にクジラ肉入りの缶詰を，牛肉の缶詰と誤認させるような表記が多発した（いわゆる「ニセ缶詰事件」）ことで不当表示が問題視され，またガムの懸賞に1000万円（現在の価値で1億円以上）が付けられるなど過大な景品付販売が広く展開されたことで，本来の商品の品質や価格による競争が正常に機能しなくなるという問題が起こった。これらの問題に対処するために景表法が制定されることとなった。そのため，景表法では不当景品類と不当表示に対し規制を定めている。

　不当景品類に対する規制では，正当な競争を損なうような過大な景品類を禁止している。景品類とは，顧客を誘引するための手段として，事業者が自己の供給する商品・サービスの取引に付随して提供する物品や金銭その他の経済上の利益をいう。同法では，その範囲を定め競争を歪めないよう抑制している。①共同懸賞：商店街や同業者など複数の事業者によって行われる共同懸賞では，景品類の限度額として，最高額は取引価格に関わらず30万円，総額は懸賞に係る売上予想額の3％となっている。②一般懸賞：共同懸賞以外のくじなどの一般懸賞では，懸賞にかかる取引価格が5千円未満の場合，最高額は取引価格の20倍まで，5千円以上では最高額は10万円までとなり，総額は懸賞に係る売上予想額の2％としている。③総付景品（ベタ付け景品）：懸賞によらず来店者などに提供される景品類は総付景品（ベタ付け景品）とも呼び，取引価格が1千円未満の場合は200円，1千円以上の場合は取引価格の10分の2まで，としている。また，新聞業など特定の業種の状況に応じた景品類の制限を設けた業種別景品告示などがある。また，オープン懸賞は商品・サービスの購入者に提供されるものではなく，テレビや雑誌など広告・告知方法に条件を設けず提供され

ることから景品表示法の適用外となっている（平成18年まで上限が1000万円とされてきたが，現在では撤廃され上限はない）。

不当表示に対する規制では，事業者の商品・サービスの品質や価格等について消費者に告知する広告などの誤認表示などを禁止している。誤認させる表示を禁止するために，優良誤認表示（実際よりも優良に誤認させるもの），有利誤認表示（取引条件について競争他社よりも有利なように誤認させるもの），その他誤認されるおそれがある表示（内閣総理大臣が指定する誤認のおそれのある表示）を禁止している。

景表法と類似した消費者保護の性格をもつ法律として，不正競争防止法がある。ただし，同法は競争の基本的な権利を保証する観点から大企業の確立したブランドの不正利用やそれを陥れる行為を防止することで，その根本は競争秩序の維持を目的としている。このような趣旨の違いから，所管官庁は，景表法は消費者庁，不正競争防止法は経済産業省となっている。

また，独占禁止法における不公正な取引方法の一般指定である不当な顧客誘引（「ぎまん的顧客誘引（指定8項）」「不当な利益による顧客誘引（指定9項）」「抱き合わせ販売（指定10項）」）は，過度のマーケティング競争による負の影響から消費者を保護することを目的とする規定がある。

ぎまん的顧客誘引とは，事実と異なる情報に基づいて自社の商品・サービスが競争他社の商品・サービスよりも優れていると消費者に誤認させ，自社との取引に誘引する行為を指す。具体的な形態としては，虚偽・誇大表示等による誤認行為などがある。当該行為は，流通市場において情報の面で不利な立場にある消費者の正常な商品・サービス選択を歪めるものであるが，一般の消費者を対象とした景品表示法があることから同規定は事業者間またはマルチ商法などに限定的に適用されるものである。

不当な利益による顧客誘引とは，正常な商慣習に照らして不当な利益によって自身との取引に誘引する行為を指す。こは，本来展開されるべき商品・サービス自体の競争ではなく，景品の高額さなどの競争に移行させるものであり，消費者の適正かつ正常な商品・サービスの選択を歪めることとなる。ただし，

当該行為もほとんどの場合において景表法によって規制されることから，限定的なものといえる。

　抱き合わせ販売とは，主たる商品・サービスの供給に他の商品・サービスも併せて供給し，消費者・事業者に両方の商品・サービスの購入を強制する行為を指す。当該行為を実施する目的は多様であるが，主たる商品・サービスに競争力や希少性がある場合に，相対的に弱い立場にある消費者に対して欲さない商品・サービスの購入まで強制する効果を有し，消費者の商品・サービスの選択を妨げるものとなることから，禁止されるのである。

　近年，企業活動が多様化したことで，消費者とのトラブルが多発するようになってきている。そのため政府は，生命・財産の被害を防止し自治体の消費者センターの設置を定める消費者安全法，不当な勧誘による契約の解消等を定めた消費者契約法，トラブルの起きやすい訪問販売等についてのルールと消費者保護を定めた特定商取引法等を設け，取引において相対的に弱者となる消費者の保護を積極的に行っている。

(参考文献)

石原武政・加藤司（2009）『日本の流通政策』中央経済社。

久保村隆祐・吉村壽編著（1984）『現代の流通政策』千倉書房。

経済産業省編（2007）『新流通ビジョン』経済産業調査会。

鈴木武・岩永忠康（1998）『現代流通政策論』創成社。

番場博之編著（2016）『基礎から学ぶ流通の理論と政策〔新版〕』八千代出版。

渡辺達朗（2016）『流通政策入門〔第4版〕』中央経済社。

第9章　流通政策の現代的課題
──コンビニ規制と流通政策──

9-1　はじめに

　流通政策は，常に変化を続ける流通活動に対し流通をあるべき姿に補正する役割を与えられているともいえる。しかし，変化を続ける流通活動に流通政策の基盤となる法規制が追い付かない場合がある。その一例が，今日のコンビニエンス・ストア業界（コンビニ業界）を巡る流通規制の議論である。コンビニエンス産業は1990年代から2000年代にかけてフランチャイズ・システムを採用し急速に成長した流通業である。しかし，急速に成長してきた故に，法規制の整備が遅れたことでコンビニエンス産業は大きな歪みが今日に生じるに至っている。本章は流通政策がこのような新しい課題についてどのようにアプローチすべきかを検討するものである。

　わが国のコンビニ業界は大きな転換期を迎えている。それは単に長期にわたる不況や国内成長の限界による市場環境の変化によってのみ生じたわけではない。最大の変化はコンビニ市場の成長を支えてきた共存共栄を基礎にしたフランチャイズ・システムの在り方が崩壊しかけているからである。

　その最大の契機となったのは，2009年6月22日に公正取引委員会がコンビニ業界最大手の株式会社セブン-イレブン・ジャパン社（以下セブン-イレブン社）に対する排除措置命令にある。公正取引委員会は，同社によるフランチャイズ

契約を結んだ店舗の弁当の見切り販売制限行為を"優越的地位の濫用"に該当するとして排除措置命令を発令した。この事件は，世間一般においてもコンビニ業界に看過できない社会問題があることを知られるところになった。世論の動向に配慮したセブン‐イレブン社は公正取引委員会の排除措置命令を受け入れ即座に是正措置を設けたが，問題は沈静化せずに以前から表面化しつつあったその他のコンビニ業界の諸問題，例えば会計問題（いわゆるコンビニ会計），24時間営業の義務化など今回の事件と本質的に乖離した他の問題にまで結果的に波及することになった。また，「コンビニ本部は加盟店の利益を搾取している」という世論を背景に政界，法曹界，学界からコンビニ業界を法的に厳格に規制しようとする動きが出現したことで，問題の本質から逸れた形でコンビニ業界の在り方が問われることになってしまった。

　また，2019年度末から一部の加盟店オーナーがコンビニ本部に対し365日24時間営業の是正を求める活動が起こった。当時の働き方改革の風潮もあり，コンビニ本部との365日24時間営業を加盟店に義務付ける契約が，社会から批判を受けることとなった。この批判を受けて，コンビニ各社はセルフ・レジの導入などの一部の加盟店の時短営業の導入などの対応策を設けた。しかし，加盟店や社会からの是正を求める声は止まらないままである。更には，このような状況下で2021年に公正取引委員会はコンビニ本部が24時間営業について加盟店との協議を理由なく拒否する場合には「優越的地位の濫用」に違反するという指針を公表した。このように今日においてもコンビニに対し規制強化の機運が高まっている状況にある。

　しかし，問題の本質から逸れた形で流通規制を設けることは消費者の利益を大きく損なう危険性がある。このような状況が生じた背景には，これまでの流通政策において成熟期にあるコンビニ業界が流通業型フランチャイズ・システムの特性に対する知見が大きく不足していたからだといえる。コンビニ業界においては，流通業型フランチャイズ・システムの特性を前提に考えると，成熟期にはフランチャイズ・システム内には多くの問題を引き起こすリスクが存在し，そのリスクに効果的な対処がなされない場合にはシステム維持が脅威にさ

らされる。

このリスクの問題の本質を誤って評価し，外部からの過度な是正措置（法的規制）を設けることでわが国の流通業界を牽引してきたコンビニ業界の健全且つ順調な成長を阻害し，結果として消費者に不利益を及ぼす可能性がある。流通政策の観点から，コンビニ・フランチャイズの特性を検討しコンフリクトの発生要因を考察することと，またそれに対応するいくつかの調整手段を提示し，過度な法的規制を抑制することでコンビニ業界の健全な発展の貢献及び消費者の利益の確保を試みるものである。

また，「フランチャイズ・システムに関する独占禁止法上の考え方について」というガイドラインがあり，フランチャイズ・システムに対する公正取引委員会の独占禁止法の運用について述べられている。

9-2 フランチャイズ・システムの形態

コンビニエンス・ビジネスでは多くの場合，フランチャイズ・システムを採用し成長の原動力としてきた。このフランチャイズ・システムは，広く製造業やホテルや飲食などにおいて採用されてきたものである。しかしながら，これら一般的なフランチャイズ・システムとコンビニのような流通業者が主導して構築されるフランチャイズ・システムには大きな性格の違いがあり，このことが大きなコンフリクトを生み出している。

コンビニ業界におけるフランチャイズ・システムのコンフリクトの発生の背景を検討するために，本節において，フランチャイズ・システムの形態及びコンビニ業界におけるフランチャイズ・システムの基本的性格の側面から検討を加え，コンビニ業界においてコンフリクトの発生が起因するその特殊性について考察する。

フランチャイズ・システムの定義は多岐に分かれている。ここでは，各団体，研究者の分類があるがそれらを総合的に勘案してフランチャイズ・システムを次のように定義していく（国際フランチャイズ協会，日本フランチャイズチェーン協

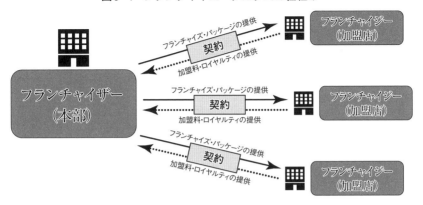

図9-1 フランチャイズ・システムの仕組み

会，公正取引委員会などによるフランチャイズ・システムの定義は，拙稿（2009）pp. 65-66を参照されたい）。

① フランチャイザー（本部）とフランチャイジー（加盟者）は資本的には独立した事業者である。

② フランチャイザーとフランチャイジー間には"契約"が存在している。

③ フランチャイザーは，商品，商号，ノウハウ，システム等をフランチャイジーに提供し，事業活動を支援・指導する。

④ フランチャイジーは，上記③で受ける支援・指導の対価として，ロイヤルティを支払う。

⑤ フランチャイジーは，こうした契約に基づき，システムの一員としてフランチャイザーのコントロールを受ける。

このような定義に基づき，フランチャイズ・システムの形態について考察する。代表的な分類方法として，事業形態による分類とフランチャイズ・システムを率いるシステム先導者（フランチャイザー）に拠る分類を挙げることができる。

事業形態からフランチャイズ・システムを分類すると，①商標ライセンス型

フランチャイズ，②ビジネス・フォーマット型フランチャイズの2種類を挙げることができよう。

　商標型フランチャイズとは，伝統的フランチャイズとも呼称されるものである。フランチャイザーが製品・原料の供給と商標等の使用をフランチャイジーに対し認めるもので，自動車販売業やガソリン販売業において採用された形態である。ビジネス・フォーマット型フランチャイズとは，製品・原料の供給と商標の使用に加え，フランチャイザーが開発した経営手法（ノウハウ）をフランチャイジーが使用する権利を認めるものである。同形態の代表的なものは，コンビニ業界やサービス・フランチャイズであり，現在のフランチャイズ・ビジネスにおいて主流を占めるものといえる（このような分類以外にも，フランチャイザーが店舗開店準備を主導するもターン・キー型フランチャイズ，既存の同業者を自身のフランチャイズ・システムに吸収していく転換型フランチャイズ，フランチャイジーが営業している店舗数でみる複合型フランチャイズ，単体型フランチャイズなど多様な分類がある。川越憲治（2001）p. 6）。

　フランチャイズ・システムを率いるシステム先導者（フランチャイザー）の視点に立って分類すると，①製造業者−小売業者システム，②製造業者−卸売業者システム，③卸売業者−小売業者システム，④小売業者−小売業者システム，といった4分類を挙げることができる（A. M. Rothenberg (1967), p. 52）。コンビニエンス・ストア業界は，④小売業者−小売業者システムに分類される。同システムは，サービス業者−小売業者システムと大規模小売業者−小売業者システムに分類でき，前者はホテル業などフランチャイザーの独自のサービス・パッケージをフランチャイジーに付与するものであり，後者はコンビニ業界にみられるように大規模小売業者がフランチャイザーとなり，フランチャイジーとなる加盟店にノウハウ，システムなどを含んだフランチャイズ・パッケージを付与するものをいう。

9-3 コンビニ業界におけるフランチャイズ・システムの
基本的性格

フランチャイズ・システムの形態は多様であり，多くの産業で採用されてきた。わが国においてフランチャイズ・ビジネスがこのような成長を遂げたのは，多少のデメリットがあったにしても，フランチャイザー及びフランチャイジー双方にとって多大なメリットがあったからである。コンビニ業界におけるフランチャイズ・システム間のコンフリクトの発生の要因を考察する際に重要な基礎を提供することになろう。

コンビニ業界において，フランチャイザーが直営店方式ではなくフランチャイズ・システムを採用する根拠は，直営店を持つよりも投下資本を節約することが可能となり，且つ速やかに広範囲な地域に出店する可能性を飛躍的に高めることができ，また全般的な利益を享受することができることに依る。多店舗展開を望む理由としては，規模の経済性を享受し，販売網の確立や消費者間に統一されたイメージ・信頼を確立することができ，効率的なマーケティングを実施することなど多くのメリットが存在するからである。もちろん一方で，事業者がフランチャイズ・システムを採用するにはいくつかのデメリットも存在する。第1に，フランチャイザーは多くのフランチャイジーを抱えることで加盟料・ロイヤルティを受け取る一方で，他社のフランチャイズ・システム間との競争に対応するために，恒久的な自社のノウハウやシステムの向上，新商品開発も必要になる。第2に，統一的なフランチャイズ・パッケージを提供することで急速な多店舗展開が可能になる反面，システムの競争力のために効率性が優先され，それが硬直性を発生させ急激な市場変動や地域特性に適合させることが困難になる。第3に，フランチャイザーとフランチャイジー間の調整の困難性がある。フランチャイジーは資本的に独立している事業者であることから，指導に従わずフランチャイザーの意向に沿わない場合が生じる。このようなフランチャイジーがフランチャイザーの意向に従わずに行動した結果，フラ

ンチャイザーのgood willが阻害され，フランチャイズ・システム全体に甚大な損害を与えるリスクを抱えることになることからフランチャイジーへの監視コストが高くなる。第4に，業績不振に陥ったフランチャイジーが発生した場合には，彼等を支援するためにフランチャイザーは必然的にフランチャイズ・システム全体の安定性を確保する必要性が生じ，多大なコストを要するリスクが生じる。

　また独立事業者が，フランチャイズ・システムに加入しフランチャイジーとなるメリットとしては，第1に，独自で開店するよりも資本投下が圧倒的に少なくて済み，更にフランチャイザーの提供するノウハウや仕入れシステムを利用することによって，事業ノウハウを有していない者にも開店・経営の機会を利用できる点を挙げることができる。第2に，フランチャイザーはフランチャイジーの有する物流システムやバイイングパワーを利用することができ，仕入コスト等の面で大きな恩恵を得ることができる。第3に，フランチャイジーは情報の管理やコストの大部分をフランチャイザーに依存することが可能であり，自店の経営に専念することが可能となる。その反面，フランチャイジーにとってもフランチャイズ・システムに加入することによるデメリットがある。第1に，フランチャイズ・システムに加入する際に，店舗設営等の負担とは別に高額な加盟料やロイヤルティが必要となる点がある。予測業績と実際の業績との差異が大きい場合に，フランチャイジーにとってこれらのコストは非常に大きな負担となる。第2に，フランチャイザーが統一されたシステムをフランチャイジーに強制することで，事業者の自立性（品揃えや販売促進活動等）が大幅に制限される。フランチャイジーは自立性を放棄していることからフランチャイザーに業績不振の脱却の方策を依頼するが，業績不振が解消されない場合にはフランチャイザーとの関係に大きな歪みを発生させる要因となる。第3に，フランチャイズ契約中に蓄積したノウハウを契約終了後にフランチャイジーが使用できない。それは競業避止義務がコンビニ業界におけるフランチャイズ契約にはその条項に盛り込まれているからである。契約終了後もフランチャイジーは拘束されることから，この条項によって本来の対等なフランチャイザーとフラ

ンチャイジーの関係性を変質させることになり，関係悪化の根源となるリスクがある。

　当然のことながら，成長期のコンビニ業界おいてフランチャイズ・システムが多大なメリットによってデメリットは表面化してこなかったが，コンビニ業界が成熟期に入ったことによって業績が改善されずデメリットが目立つようになりコンフリクトが一気に噴出する状況になったといえる。なぜ成熟期のコンビニ業界においてデメリットが表面化することになったのかを**7-4**で検討する。

9-4　コンビニ業界におけるフランチャイズ・システムの特殊性

　コンビニ業界に限らず全てのフランチャイズ・システムにおいては，システム全体の利益の追求のために効率的なマーケティング活動が不可欠であり，そのことからシステムの構築・コントロールが必要となってくる。従来から，システムの構築・コントロールが要求されるフランチャイズ・システムは，垂直的マーケティング・システム（Vertical Marketing System：VMS）の一種であると捉えられてきた（この点については，上原征彦（2010）pp. 3-7 を参照されたい）。マーケティング・チャネル論では，垂直的マーケティング・システムは企業システム（Corporate system），契約システム（Contractual system），管理システム（Administered system）に分類されており，フランチャイズ・システムは契約システムであると考えられている（このような分類を提唱した代表的な論者として，McCammonなどがいる。B. C. McCammon Jr., (1970) がある）。契約システムでは，単独の企業では達成することが困難な効率的なマーケティングを遂行するために"契約"といった法的なパワーを用いてシステム内を調整している。

　コンビニ業界に限らずフランチャイズ・システムにおいては，システム全体の競争力を構築・維持していくために役割分担が採用される。具体的にはフランチャイザーがシステムの"オーガナイザー"の役割を担い，一方でフランチャイジーはシステムに貢献するための方策を実施し，自身の店舗の利益だけで

なく全体の利益を追求する"エグゼクター"という役割を各々が担う。このことから，契約前においては当事者間の関係が"対等な関係"であるが，契約期間内においてはシステムの競争力の構築・維持へ向けて当事者間の関係が上下関係に近似した"役割分担の関係"に変質してくる。コンビニ業界に限らず多くのフランチャイズ・システムは，競争力のあるシステムを有し且つ資本が巨大なフランチャイザーがフランチャイジーと比較して優位な立場にあるために，一瞥するとフランチャイジーが一方的に支配されているような大きな誤解が生じる。しかし，フランチャイジーは自身の利益追求のためにも一定の制約を受けつつもシステムに加入し役割分担を担う方が享受できるメリットが大きいと考え，自らそのシステムに参加を希望していることを確認しておく必要がある。ただし，システムの成長が停滞，衰退化し利益が不安定なものになったとき，この役割分担に瓦解の危険性が生じる。役割分担の負担を担いながらもそれに対する対価が得られなくなった場合にフランチャイジーの不満が表面化するからである。詳しくは後述するが，フランチャイザーはフランチャイジーの不満を抑圧する手段として契約の中に競業避止義務が付している。この競業避止義務は本来であればフランチャイザーのノウハウを保護するために契約終了後も元フランチャイジーに同業への転換を制限することを目的に設けられるが，この条項があることでシステムの構築・維持の活動以外では本来対等であるフランチャイジーの権利が著しく抑制される。

　また，コンビニが流通業の一種であることから，製造業型のVMSと比較して非常に安定性に欠く。製造業者が主導する通常のVMSの場合，自身の有する競争力のある製品（ブランド）があることから，フランチャイズ契約を結んだ店舗に対し製品販売についての一定のテリトリー権（一定地域の独占販売権）を付与する。このテリトリー権の付与により，製造業者は同一のチェーン店舗間のブランド内競争（同一店舗間の競争）を抑圧することが可能になり，ブランド間競争（製造業者間の競争）に集中することが可能となる。また，フランチャイジーにとっても自身の品揃えの権利は放棄するものの，競争力のある製品の独占

図9-2 市場状況に伴う流通業型VMSにおけるブランド内・ブランド間競争の変化

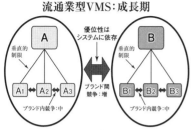

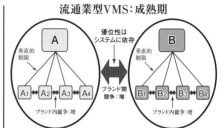

・流通業者は製造業者のような特定ブランドを保有せず，品揃えでは絶対的な優位性を構築しにくい。競争の優位性はシステムの優位性によって生じることからドミナント戦略が推進される。

・流通業型VMSの場合，優位性の源泉をシステムに依存せざるを得ないことから，成熟期においてもフランチャイザーはシステム維持のためにドミナント戦略を進めるが，フランチャイジーには大きくなる。

的な販売権を得ることができ，安定的に一定の利益が保証される。しかし，フランチャイザーであるコンビニ本部は流通業であることから競争力の有する製品を有しておらず，基本的にはシステムの優位性にのみ競争の源泉を依拠している。各コンビニ各社は基本的には特定の競争力のある製品を有しているわけではなく，各社の品揃えに大きな差は生じない状況があり，このことはブランド間競争を有効に作用させないだけでなくブランド内競争をも抑制することが困難であることを意味する。そのため，流通業型VMSの唯一の競争力の基礎はシステムに求めざるを得ない。コンビニ業界の場合，システムの優位性を確立・維持するためにフランチャイジーに対しシステムに対する協力（貢献）を求めることになるが，本来であればこの協力に対しシステムの強化とテリトリー制限などで報いなくてはならない（互酬体制の構築・維持）。しかし，成熟期にあるコンビニ産業においては激化するブランド間競争に対応するためにフランチャイザーはシステムの維持・強化を目的に過度なドミナント戦略を推進する。フランチャイザーのシステムの維持・強化のためのドミナント戦略の推進が，フランチャイジーの個別の利益を大きく減退させることになる。システムへの忠誠に対し報酬が生じない状況が続くとフランチャイジーの役割分担に加わるインセンティブが失われ，コンフリクトが表面化してくる。

流通業型VMSにおける優位性は，ドミナント戦略を中心に構築されるシステムにあるが，一方でそのドミナント戦略はフランチャイジーの個別の利益を減退させる性質を有する。流通業型VMSとフランチャイザーが推進するドミナント戦略はトレード・オフの関係にあるといえよう。

9-5 コンビニ業界におけるフランチャイズ・システムの コンフリクトの分析

現在展開されているコンビニ業界におけるフランチャイズ・システムのコンフリクトは多岐にわたる。しかし，その問題の所在の根底には流通業型フランチャイズ・システムの特殊性に起因するものと考える。マーケティング・チャネル論の観点から販売価格制限，過度なドミナント戦略の問題，競業避止義務，にフォーカスし，どのような形でコンフリクトが発生するのかを検討していく。

(1) 販売価格の制限

この問題は2007年の公正取引委員会のセブン-イレブン社フランチャイジーに対する弁当の見切り販売制限について，優越的な地位の濫用に該当するとして排除措置命令を講じたことで大きな問題として扱われるようになった。公正取引委員会の作成したフランチャイズ・システムに関する独占禁止法の考えを示したガイドラインにおいて「フランチャイズ・システムによる営業を的確に実施するために必要な限度を超えて」という文言に対し，コンビ業界では弁当の見切り販売制限は"必要な限度内"として捉えて，排除措置命令が講じられる以前において見切り販売制限をシステム維持のために実施してきた。フランチャイザーの見切り販売制限の意図は，ブランド内競争を抑制するためとしている。

筆者は，推奨価格に基づいた統一的な価格を設定することはシステムを保護するために必要な制限として考える。各店舗で価格が異なっている場合，ブランド内競争を激化させることになり，システム内の統制の困難性を増大させフ

ランチャイズ・システムの発展のための役割分担機能不全をおこす。先述したように，流通業型VMSの場合，基本的にブランド間競争の唯一の方法はシステム強化しかない上に，ブランド内競争の抑制は非常に困難である。ブランド内競争を抑制する価格の制限のコントロールが効かなくなった場合，システム内の役割分担の体制が維持することが困難になり，システムの競争力は衰退し終局的にはフランチャイズ・システムは崩壊するであろう。

　2007年の公正取引委員会の排除措置命令後，直ぐにセブン-イレブンは一定の値引きを認める是正措置を設けることを行い，その他コンビニ各社もそれに追随した。しかし，今なおコンビニ業界におけるフランチャイズ・システムは安定を保っている。その理由はフランチャイズ契約によって挿入されている競業避止義務にある。同排除措置命令後においても，多くのフランチャイジーはシステムに離反し短期的に自店舗の利益を追求することを選択せず，一定の制限を受け入れ長期的な利益を享受することを選択した。その背景には競業避止義務が一定の抑止効果を発生しているといえる。つまり，成熟期において発生した販売価格の制限から生じたコンフリクトは，競業避止義務はフランチャイザーの側面からすればシステム維持の重要な装置として機能し，フランチャイジーの側面からすれば契約後のシステムのために構成される近似した役割分担の関係が実質的な上下関係を構築する装置となっていることを示す。

⑵　**過度なドミナント戦略**

　ドミナント戦略とは，チェーン展開を試みるコンビニをはじめとする小売業やサービス業などが特定地域内で店舗展開を集中化することでチェーン全体の経営効率を高め，地域内のマーケット・シェアを拡大し競合他社に対し優位を確立しようとする戦略である。コンビニ業界がドミナント戦略を採用するのは，配送センターを基点に効率的な商品配送が可能となることで物流コストの削減が可能となり，また特定地域内に集中的に出店することで地域内の知名度が上昇し競合他社の出店を抑制するといった効果などだからである。

　一方で，コンビニ業界は成熟期においてはドミナント戦略と相反するVMSを

図9-3　ドミナント戦略によるコンフリクトの発生

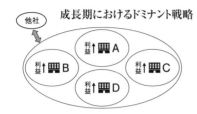

成長期におけるドミナント戦略

・コンビニの場合，テリトリー制限を採用しておらず，システムの競争力の獲得にドミナント戦略を採用する。同業他社との競争の激化や商圏が比較的小さく店舗数が多いコンビニ・フランチャイズのような場合，システム間でコーディネートの問題が生じやすいが，成長期にあるため利益拡大の中で問題は表面化しにくい。

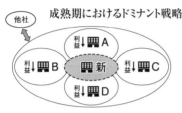

成熟期におけるドミナント戦略

・成熟期においてドミナント戦略とフランチャイズ・システムは大きな問題を引き起こす。すなわち，フランチャイザーはシステムの利益追求のためにドミナントを推し進めるが，フランチャイジーは個別の利益が失われることになるから，それまで内包されていた問題が一気に表面化する。

導入している。本来，製造業者が主導するVMSの場合，フランチャイザーはテリトリー制限を導入しブランド内競争を抑圧することでフランチャイジーの安定的な利益の確保を図る。フランチャイジーにとっても競争力のあるブランドを取り扱うことができることから，一定の制限を受け入れる。しかし，流通業型VMSの場合，個別に強力なブランドを有することは殆どなく，またブランド間においてその品揃えに大きな差を講じることは困難であり，テリトリー制限によるブランド内競争抑制の効果を殆ど有さない。コンビニ業界での唯一のシステムの優位性の源泉となるのはシステムであり，このシステムはドミナント戦略によって支えられている。また，コンビニ産業においては相反するドミナント戦略とVMSが大きな問題にならなかった理由としては500 m程度と言われるコンビニの商圏の狭さが挙げられる。この商圏の狭さ故に，急速な出店スピードで成長したコンビニ業界でも自社の市場の空白地帯が埋まるのに一定の時間が費やされた。また成長期におけるドミナント戦略はフランチャイザーに対し直ぐに自身の利益を減らすものでなかったことから大きなコンフリクトの要因とはならなかった。しかし，コンビニ業界が成熟期を迎え，市場の余地は殆どな

くなっているにもかかわらずブランド間競争への対応のためにフランチャイザーは新たなフランチャイジーを増やしていくドミナント戦略を展開され続けている。更には，急激な市場の成長によって資本的な体力を蓄えてきたフランチャイザーは，直営店舗の出店を行いつつある。フランチャイザーの直営店の出店により，フランチャイジーの利益が脅威にさらされる可能性も出てきている。

　フランチャイザーによるドミナント戦略の展開はシステム全体に大きな競争力を生み出す。しかし，システムの競争力の強化とフランチャイジーの利益が必ずしも一致しない場合が生じる。フランチャイズ・システムは，本来において共存共栄を目的とするものである。競業避止義務を背景に，システムの構築・維持のためにフランチャイジーに対しエクゼクターの役割を担わせ，半ば強引にフランチャイジーに対し了承ないまま利益を減退させてでもシステムへの貢献を強制することは，共存共栄を目的としたフランチャイズ・システムの本旨に反すると考える。このような歪な関係に至る基礎にあるのは過度に強い効果を有する競業避止義務にあるといえる。

(3)　競業避止義務の変質

　フランチャイズ・ビジネスのメリットである迅速な展開や安定的なシステムの維持は競業避止義務によって支えられているといっても過言ではない。競業避止義務がフランチャイズ契約において挿入されている理由は，フランチャイザーはフランチャイズ契約を結ぶことで，その所有するノウハウやテリトリー権などを提供しており，それを担保するためである。もしフランチャイズ・システムにおいて競業避止義務が認められなければ，フランチャイザーは自身が開発したノウハウをただ乗りされ，テリトリー権を付与しフランチャイズ契約を締結してすることで他の加盟希望者と契約することができないという事業機会を放棄してもなんら法的な保護を得られないことになる。フランチャイザーの競業避止義務は，展開するビジネス・モデルを発明への報酬，システムを構築・維持していくために保障されるべき当然の権利といえる。

　また，フランチャイジーにとって，一瞥すると競業避止義務は事業機会の選

図9-4 競争に伴うコンビニ業界におけるフランチャイズ・システム内の関係性の変化

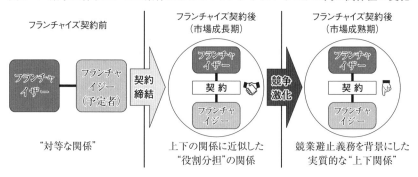

択の範囲を狭めるものであると考えられるが，もし競業避止義務が否定された場合フランチャイザー側が自身にとって忠実なフランチャイジーなることを見極めるために選定に際し厳格になるであろうし，システムに加入を希望しても厳格な条件が課されるかもしれない。つまり，競業避止義務が否定されることで，フランチャイズ・システムのメリットである"迅速な事業展開"，"安定的ないシステムの維持"が困難になる状況が生み出される。競業避止義務は，フランチャイザーとフランチャイジー双方にとってフランチャイズ・システムのメリットを享受するために必要条件でといえる。

　競業避止義務がフランチャイズ・システムにおいて必要な条項であるが，一方でそれが過度に作用することでフランチャイズ・システムを崩壊させる装置にもなりうる。それは，競業避止義務の性質が，フランチャイズ・システムの置かれている状況で変化するからである。

　競業避止義務の性質が変化するのは，第1にフランチャイズ契約締結後である。これまでにも言及してきたが，フランチャイズ・システムを効率的に展開するためにフランチャイザーとフランチャイジーの関係は，契約前の対等な関係から，契約後には上下関係に近似した役割分担の関係に変化する。この段階では，競業避止義務は本来的な意味である，フランチャイザーのノウハウを保護するという側面の効力が強く発揮している。第2段階で，競争の激化によっ

て成熟期になりフランチャイザーが競業避止義務を背景にして，フランチャイジーに対しシステムの維持のためにフランチャイジーの利益を損なう行動（フランチャイジーの利益を減退させるようなドミナント戦略の推進など）を採る。多くのフランチャイジーは，システムに加入するために多額の投資を行っており，且つシステム加入後はフランチャイザーに競業避止義務を背景にロック・インされていることから，フランチャイザーの意向に背くことは難しいといえる。この段階において競業避止義務は，フランチャイジーの契約後の行動を制約するという側面の効力が強く発揮されるのである。

　しかし，このような競業避止義務を用いたフランチャイザーによる抑圧的なシステム維持の方策を強く進めることは，フランチャイザーにとってもシステムの安定性を損なう可能性を生み出す。フランチャイザーが競業避止義務を背景にフランチャイジーを過度にコントロールすることによって，フランチャイジーの不満は蓄積され結果的に多くの離反者を生むことになり，また新たなフランチャイジーの確保も困難になることから結局はシステムの競争力は大きく損なわれるのである。

　コンビニ業界における競業避止義務は，市場環境によってその性質は変化し，過度に競業避止義務が作用することでシステムの安定性を損なうリスクを内包しているといえる。

9-6　流通政策はコンビニをめぐる問題にどう対応すべきか

　今日，コンビニ業界が抱えるコンフリクトが表面化したことによってコンビニ業界に対し，厳しい法規制を整えようとする動きがみられる。確かに，コンフリクトが存在するの事実であり，看過すべきではないと考える。しかし，コンフリクトが表面化してからといってこれまでの，又これからのコンビニ業界のフランチャイズ・システムが完全に否定されるものではないし，わが国の流通を牽引してきたコンビニ業界を過度な法適正によってその成長が抑制されることになってはならない。コンビニ業界のフランチャイザーとフランチャイジ

ーにとって適正な環境を整備するようなものが必要となる。筆者は，現在のコンビニ業界のコンフリクトの根源は，過度な競業避止義務の効果であると考える。フランチャイズ・システムにとって競業避止義務は必要な条項であるが，その効力は非常に強く契約期間中においてフランチャイズ・システムが目的とする共存共栄を違える危険性があると考える。

　先述したように，フランチャイズ・システムは，法的にはフランチャイザーとフランチャイジーは対等な関係であるが，システムの効率性追求のために上下関係に近似した役割分担を構成する。また，コンビニ業界においては，流通業の特性からフランチャイザーは競争力の強化にはシステムの強化しか方法がないことから，エグゼクターの役割を担うフランチャイジーになんらかの負担を課すことになる。今日，市場が成熟化したことによりこの負担を引き受けているにもかかわらずフランチャイジーに利益が減少していることから，個別にコンフリクトが表面化している。しかし，それは競業避止義務を背景に，コンフリクトが強く抑制されていることから氷山の一角に過ぎず，コンビニ業界全体の問題といえる。フランチャイザーによる競業避止義務といったパワーを持ってフランチャイジーのコンフリクトを抑え込みに反発するフランチャイジーが増加している状況や，この状況に呼応して起こる厳格なコンビニ規制論によって，コンビニ業界は岐路に立っているといえる。

　コンビニ業界全体の衰退という結末を回避するためにも，コンフリクト発生時には競業避止義務の効力を弱め，本来的なフランチャイザーとフランチャイジー間の対等な関係に調整することでコンフリクトを調整する方策を講じる必要があると考える。

　具体的な方策としては，紛争処理機関の創設とフランチャイザーに対する更新期間の最低1度の義務付けを提言したい。紛争処理機関については，これまでわが国にはフランチャイザーとフランチャイジーとの紛争を処理する機関が存在してこなかった。コンフリクトが発生した場合，フランチャイジーはフランチャイザーが生じた場合，当事者間の話し合いの後には裁判や公正取引委員会の介入という強硬な手段しかない。本来であれば，第三者がいることで調停す

ることで解決する問題でさえも回避することが困難な状況にある。このような回避可能な問題に対し処理する方法として，ADR（裁判外紛争解決：Alternative Dispute Resolution）的手法を構築すべきであると考える。具体的には，業界で自主的なガイドラインを作成し，フランチャイジーとフランチャイザー，第三者（弁護士，研究者などの有識者）が参加しコンフリクトを調停する機関を設けることを提言したい。また，この調停の際の提出された情報はデータ・ベース化し，事前に広く公開することでフランチャイザーに対する抑止効果を図ることができよう（2020年11月に経済産業省主催の「新たなコンビニのあり方検討会」にて，業界団体である日本フランチャイズチェーン協会のサポートの下でADRを行う提言がなされ，今後紛争処理機関が設置される可能性がある）。

　また，紛争処理機関の創設を補助する目的で，契約更新の最低1度の義務付けを提言したい。紛争処理機関は公的な機関ではなく，そこでの調停は勧告にしか過ぎない。調停後，フランチャイザーは次回の契約を更新しない自由が残されている。資本的に弱いフランチャイジーを保護する必要は依然として生じている。なぜならば，システムに加入するためにフランチャイジーは多額の資金を投入しているからである。たとえ，紛争処理機関があったとしても，資金が未回収である場合には，契約更新のリスクを考慮しフランチャイザーの要求に従属せざるを得なくなる。そこで，紛争処理機関の実効性を担保するためにフランチャイジーが望むならば契約更新を最低1度は認めるような最小の法的支援は必要であると考える。健全なコンビニ業界を構築していくには枠組みを設け自主的な調整を図り見守ることが流通政策として設けるべきであろう。それでもなお是正がなされない場合において，積極的な流通規制が設けられるべきである。

　流通政策は，流通の望ましい形を維持・創成するために設けられるべきであるが，流通が自然発生的な形で形成されたものを可能な限り残すべきであると考える。それは流通にしろ，生命にしろ，環境にとって非合理的なものは排除されると考えるからである。流通規制はなんらかの理由で自然に淘汰されず歪なかたちで存在し消費者利益を明らかに損なう行為についてのみ規制を加えるべきである。

※第9章は野木村忠度（2017）「コンビニ業界におけるコンフリクト発生要因と調整についての一考察──流通業型VMSと競業避止義務条項」『千葉商大論叢』55巻1号を加筆・修正したものである。

（参考文献）

浅井慶三郎（1970）「小売業の革新の再吟味 その3──フランチャイズ・システムについて」『三田商学研究』13巻3号。

石井淳蔵（1983）『流通におけるパワーと対立』千倉書房。

伊藤元重（2006）『伊藤元重のマーケティング・エコノミクス』日本経済新聞社。

上原征彦（2010）「『優越的地位の濫用』をどう捉えるか」『フランチャイズエイジ』Vol. 39, No. 1。

片岡一郎（1964）『流通経済の基本問題』御茶の水書房。

川越憲治（1994）『フランチャイズ・システムの判例分析』『別冊NBL』No. 29, 商事法研究所。

川越憲治（2001）『フランチャイズ・システムの法理論』商事法務。

川越憲治（2002a）「講演 フランチャイジングの経済政策と法政策」『白鴎法學』第20巻。

川越憲治（2002b）「フランチャイジングの法規制──新規則の制定とガイドラインの改訂」『生活起点』51号。

北野弘久（2010a）「『フランチャイズ規制法要綱』の発表」『法律時報』82巻3号。

北野弘久（2010b）「フランチャイズ規正法制定の動き──コンビニ問題解決のための立法」『税経新報』574号。

公正取引委員会（2002）『フランチャイズ・システムに関する独占禁止法の考え方』

小塚荘一郎（2006）『フランチャイズ契約論』有斐閣。

猿渡敏公（1999）『マーケティング論の基礎』中央経済社。

週刊ダイヤモンド（2010）「フランチャイズの悲鳴」2010年9月11日号。

週刊東洋経済（2009）「特集コンビニ大異変」2009年8月8日号。

高橋善樹（2010）「【判例研究】セブン-イレブン・ジャパンに対する排除措置命令について」『フランチャイズエイジ』Vol. 39, No. 1。

德永豊（1969）「ボランタリー・チェーンとフランチャイズ・システム－システムズ・アプローチ」『明大商学論叢』52巻7・8号。

中村昌典（2014）「日本のフランチャイズの現状と課題」『自由と正義』Vol. 65。

根本重之（2009）「公正取引委員会のセブン-イレブン・ジャパンに対する排除措置命令に関する基礎的検討」『季刊マーケティングジャーナル』Vol. 29, No. 2。

野木村忠度（2009）「フランチャイズ・システムの在り方についての一考察──公取委排除措置命令を契機として」『紀要（中央学院大学社会システム研究所）』10巻1号。

長谷河亜希子（2010）「米国のフランチャイズ法制と日本の課題」『経済』No. 174。

姫井由美子（2011）『コンビニ改造論』花伝社。

平林英勝（2009）「コンビニ・フランチャイズ本部による見切り販売の制限が優越的地位の濫用

に該当するとされた事例——公取委命令 平成21・6・22」『ジュリスト』No. 1384。

松下満雄（1978）「フランチャイズ契約と反トラスト法の規制」『公正取引』No. 277。

向井康二・玉木史（2002）「『フランチャイズ・システムに関する独占禁止法上の考え方について』の改訂について」『公正取引』No. 620。

矢作敏行（1996）『コンビニエンス・ストア・システムの革新性』日本経済新聞社。

渡辺仁（2009）『セブンイレブンの罠』金曜日。

L. P. Bucklin (ed.) (1970), *Vertical Marketing Systems,* Scott Foreman and Co.

T. S. Dicke (1992), *Franchising in America: The Development of a Business Method, 1840-1980,* University of North Carolina Press. （河野昭三・小嶌正稔訳（2002）『フランチャイジング——米国における発展過程』まほろば書房。）

H. Kursh (1968), *The Franchise Boom,* Prentice-Hall. （川崎進一訳『フランチャイズ・チェーン』商業界。）

B. C. McCammon Jr. (1965), "The Emergence and Growth of Contractually Integrated Channels in American Economy," in P. D. Bennet (ed.), *Marketing and Economic Development,* American Marketing Association.

B. C. McCammon Jr. (1970), "Perspective for Distribution Programming," in L. P. Bucklin (ed.), *Vertical Marketing Systems,* Scott Foreman and Co.

A. R. Oxenfeldt and D. N. Thompson (1969), "Franchising in Perspective," *Journal of Retailing,* Vol. 44, No. 4.

A. M. Rothenberg (1967), "A Fresh Look at Franchising," *Journal of Marketing,* Vol. 31, No. 3.

D. N. Thompson (1971), *Franchise Operations and Antitrust,* D.C. Heath and Company. （浅井慶三郎訳（1973）『フランチャイズ・システム』東京教学社。）

付　録

付録1

流通・取引慣行に関する独占禁止法上の指針

平成3年7月11日

公正取引委員会事務局

改正：平成17年11月1日

改正：平成22年1月1日

改正：平成23年6月23日

改正：平成27年3月30日

改正：平成28年5月27日

改正：平成29年6月16日

はじめに

1　流通・取引に関する慣行は，歴史的，社会的背景の中で形成されてきたものであり，世界の各国において様々な特色を持っているが，その在り方については，常に見直され，より良いものへと変化していくことが求められている。我が国の流通・取引慣行についても，経済活動のグローバル化や，技術革新等によって，日々目まぐるしく進展・変化してきている。このような状況において，事業者の創意工夫を発揮させ，消費者の利益が一層確保されるようにするためには，公正かつ自由な競争を促進し，市場メカニズムの機能を十分に発揮し得るようにしていくことが重要である。具体的には，[1] 事業者の市場への自由な参入が妨げられず，[2]それぞれの事業者の取引先の選択が自由かつ自主的に行われ，[3] 価格その他の取引条件の設定がそれぞれの事業者の自由かつ自主的な判断で行われ，また，[4] 価格，品質，サービスを中心とした公正な手段による競争が行われることが必要である。

本指針は，我が国の流通・取引慣行について，どのような行為が，公正かつ自由な競争を妨げ，独占禁止法に違反するのかを具体的に明らかにすることによって，事業者及び事業者団体の独占禁止法違反行為の未然防止とその適切な活動の展開に役立てようとするものである。

2　本指針第1部は，部品メーカーと完成品メーカー，メーカーと卸売業者や小売業者といった，事業者間の取引における取引先事業者（特段の記載がない場合には直接又は間接の取引先事業者をいう。以下同じ。）の事業活動に対する制限に関して，第2部は，事業者による取引先の選択に関して，また，第3部は，国内市場全域を対象とする総代理店に関して，独占禁止法上

135

の指針を示したものである。

　本指針は，主として商品の取引について独占禁止法上の考え方を示したものであるが，役務の取引についてもその考え方は基本的には同様である。

　3　本指針は，流通・取引慣行に関し，独占禁止法上問題となる主要な行為類型についてその考え方を示したものであるが，独占禁止法上問題となる行為はこれに限られるものではない。例えば，価格カルテル，供給量制限カルテル，購入数量カルテル，入札談合などは原則として独占禁止法に違反するものであることはいうまでもない。したがって，本指針に取り上げられていない行為が独占禁止法上問題となるかどうかは，同法の規定に照らして個別具体的に判断されるものである。

第1部　取引先事業者の事業活動に対する制限

1　対象範囲

　(1)　事業者が，例えば，マーケティングの一環として，卸売業者や小売業者といった流通業者の販売価格，取扱商品，販売地域，取引先等に関与し，影響を及ぼす場合には，ブランド間競争（メーカー等の供給者間の競争及び異なるブランドの商品を取り扱う流通業者等の間の競争をいう。以下同じ。）やブランド内競争（同一ブランドの商品を取り扱う流通業者等の間の競争をいう。以下同じ。）を減少・消滅させる効果を生じることがある。

　第1部では，事業者が，取引先事業者に対して行う，販売価格，取扱商品，販売地域，取引先等の制限及びリベートの供与について，不公正な取引方法に関する規制の観点から，独占禁止法上の考え方を明らかにしている（注1）。

　Eコマースの発展・拡大に伴い，様々なビジネスモデルが創出され，事業者は，広告や流通経路などにおいて，インターネットの利用を活発に行っている。特に，インターネットを利用した取引は，実店舗における取引といった従来の取引方法と比べ，より広い地域や様々な顧客と取引することができるなど，事業者にとっても顧客にとっても有用な手段となっている。以下において，このようなインターネットを利用した取引か実店舗における取引かで基本的な考え方を異にするものではない。

　また，ショッピングモール，オンラインマーケットプレイス，オンライン旅行予約サービス，家庭用ゲーム機など，消費者と商品を提供する事業者といった異なる二つ以上の利用者グループを組み合わせ，それぞれのグループの利用の程度が互いに影響を与え合うような，いわゆるプラットフォームを運営・提供する事業者（以下「プラットフォーム事業者」という。）による，当該プラットフォームを利用する事業者に対する行為についても，基本的な考え方を異にする

ものではない。

（2）　大規模小売業者と納入業者との関係などでみられるように，事業者間の取引において，自己の取引上の地位が相手方に優越している一方の当事者が，取引の相手方に対し，その地位を利用して，正常な商慣習に照らして不当に不利益を与えることは，当該取引の相手方の自由かつ自主的な判断による取引を阻害するとともに，当該取引の相手方はその競争者との関係において競争上不利となる一方で，行為者はその競争者との関係において競争上有利となるおそれがあるものである。このような行為は，公正な競争を阻害するおそれがあることから，不公正な取引方法の一つである優越的地位の濫用として独占禁止法により規制される。具体的には，「優越的地位の濫用に関する独占禁止法上の考え方」（平成22年11月30日）によって，その規制の考え方が明らかにされている。

　このほか，不当廉売及びこれに関連する差別対価については，「不当廉売に関する独占禁止法上の考え方」（平成21年12月18日）等によって，その規制の考え方が明らかにされている（**注1**）。

（注1）　これらの行為によって，市場における競争が実質的に制限され，私的独占として違法となる場合の考え方については，例えば「排除型私的独占に係る独占禁止法上の指針」（平成21年10月28日。以下「排除型私的独占ガイドライン」という。）等によって，その考え方が明らかにされている。

2　垂直的制限行為が競争に及ぼす影響についての基本的な考え方

　独占禁止法は，事業者が不公正な取引方法等の行為を行うことを禁止し，公正かつ自由な競争を促進することによって，一般消費者の利益を確保するとともに，国民経済の民主的で健全な発達を促進することを目的としている。

　事業者が，取引先事業者の販売価格，取扱商品，販売地域，取引先等の制限を行う行為（以下「垂直的制限行為」といい，垂直的制限行為には，契約によって制限をする場合のほか，事業者が直接又は間接に要請することなどにより事実上制限する場合も含む（**注2**）。）は，その程度・態様等により，競争に様々な影響を及ぼす。

　例えば，垂直的制限行為によって，事業者の創意工夫による事業活動を妨げたり，ブランド間競争やブランド内競争が減少・消滅したり，参入障壁が高くなって新規参入者を排除したり，消費者の商品選択が狭められたりといった競争を阻害する効果がもたらされる場合がある。

　他方，垂直的制限行為によって，新商品の販売が促進されたり，新規参入が容易になったり，品質やサービスが向上するといった競争を促進する効果がもたらされる場合もある。

　このように，垂直的制限行為は，競争に影響を及ぼす場合であっても，競争を阻害する効果を生じることもあれば，競争を促進する効果を生じることもある。

公正かつ自由な競争が促進されるためには，各取引段階において公正かつ自由な競争が確保さ

れていることが必要であり，ブランド間競争とブランド内競争のいずれか一方が確保されていれば他方が失われたとしても実現できるというものではない。

（注2） 取引先事業者の株式の取得・所有や取引先事業者の経営に対する関与等を背景として垂直的制限行為が行われる場合もある（取引先事業者の株式の取得・所有や取引先事業者の経営に対する関与自体が直ちに独占禁止法上問題となるものではない。）。このような場合においても，下記3の垂直的制限行為に係る適法・違法性判断基準や後記第1及び第2において述べる考え方に従って違法性の有無が判断される（行為者と取引先事業者が親子関係等にある場合については，（付）「親子会社・兄弟会社間の取引」を参照）。

3 垂直的制限行為に係る適法・違法性判断基準

（1） 垂直的制限行為に係る適法・違法性判断基準についての考え方

垂直的制限行為は，上記2のとおり，競争に様々な影響を及ぼすものであるが，公正な競争を阻害するおそれがある場合に，不公正な取引方法として禁止されることとなる。垂直的制限行為に公正な競争を阻害するおそれがあるかどうかの判断に当たっては，具体的行為や取引の対象・地域・態様等に応じて，当該行為に係る取引及びそれにより影響を受ける範囲を検討した上で，次の事項を総合的に考慮して判断することとなる。

なお，この判断に当たっては，垂直的制限行為によって生じ得るブランド間競争やブランド内競争の減少・消滅といった競争を阻害する効果に加え，競争を促進する効果（下記（3）参照）も考慮する。また，競争を阻害する効果及び競争を促進する効果を考慮する際は，各取引段階における潜在的競争者への影響も踏まえる必要がある。

　　［1］　ブランド間競争の状況（市場集中度，商品特性，製品差別化の程度，流通経路，新規参入の難易性等）

　　［2］　ブランド内競争の状況（価格のバラツキの状況，当該商品を取り扱っている流通業者等の業態等）

　　［3］　垂直的制限行為を行う事業者の市場における地位（市場シェア，順位，ブランド力等）

　　［4］　垂直的制限行為の対象となる取引先事業者の事業活動に及ぼす影響（制限の程度・態様等）

　　［5］　垂直的制限行為の対象となる取引先事業者の数及び市場における地位

各事項の重要性は個別具体的な事例ごとに異なり，垂直的制限行為を行う事業者の事業内容等に応じて，各事項の内容も検討する必要がある。例えば，プラットフォーム事業者が行う垂直的制限行為による競争への影響については，プラットフォーム事業者間の競争の状況や，ネットワーク効果（**注3**）等を踏まえたプラットフォーム事業者の市場における地位等を考慮する必要がある。

(注3)　ネットワーク効果には直接的な効果と間接的な効果がある。例えば，あるプラットフォームの利用者の便益・効用が，当該利用者と同一の利用者グループに属する利用者の増加によって向上するような場合には，直接的なネットワーク効果が働いているといえる。また，例えば，プラットフォーム事業者を介して取引を行う二つの利用者グループ間において，一方の利用者グループに属する利用者が増加するほど，他方の利用者グループに属する利用者にとって当該プラットフォーム事業者を介して取引を行うことの便益・効用が向上するような場合には，間接的なネットワーク効果が働いているといえる。

（2）　公正な競争を阻害するおそれ

　垂直的制限行為には，再販売価格維持行為（詳細は後記第1参照）と，取引先事業者の取扱商品，販売地域，取引先等の制限を行う行為（以下「非価格制限行為」という。）がある。

　再販売価格維持行為は，流通業者間の価格競争を減少・消滅させることになるため，通常，競争阻害効果が大きく，原則として公正な競争を阻害するおそれのある行為である。

　一方，非価格制限行為は，一般的に，その行為類型及び個別具体的なケースごとに市場の競争に与える影響が異なる。すなわち，非価格制限行為の中には，[1] 行為類型のみから違法と判断されるのではなく，個々のケースに応じて，当該行為を行う事業者の市場における地位等から，「市場閉鎖効果が生じる場合」や，「価格維持効果が生じる場合」といった公正な競争を阻害するおそれがある場合に当たるか否かが判断されるもの及び [2] 通常，価格競争を阻害するおそれがあり，当該行為を行う事業者の市場における地位を問わず，原則として公正な競争を阻害するおそれがあると判断されるものがある。

　なお，複数の非価格制限行為が同時に行われている場合や再販売価格維持行為も併せて行われている場合に，ある非価格制限行為に公正な競争を阻害するおそれがあるかどうかを判断するに当たっては，同時に行われている他の非価格制限行為又は再販売価格維持行為による影響を踏まえて判断されることもある。

　ア　市場閉鎖効果が生じる場合

　「市場閉鎖効果が生じる場合」とは，非価格制限行為により，新規参入者や既存の競争者にとって，代替的な取引先を容易に確保することができなくなり，事業活動に要する費用が引き上げられる，新規参入や新商品開発等の意欲が損なわれるといった，新規参入者や既存の競争者が排除される又はこれらの取引機会が減少するような状態をもたらすおそれが生じる場合をいう。

　「市場閉鎖効果が生じる場合」に当たるかどうかは，上記（1）の適法・違法性判断基準の考え方に従って判断することになる。例えば，このような制限を行う事業者の市場における地位が高いほど，そうでない場合と比較して，市場閉鎖効果が生じる可能性が高くなる。また，この判断に当たっては，他の事業者の行動も考慮の対象となる。例えば，複数の事業者がそれぞ

れ並行的にこのような制限を行う場合には，一事業者のみが行う場合と比べ市場全体として市場閉鎖効果が生じる可能性が高くなる。

なお，「市場閉鎖効果が生じる場合」に当たるかどうかの判断において，非価格制限行為により，具体的に上記のような状態が発生することを要するものではない。

　イ　価格維持効果が生じる場合

「価格維持効果が生じる場合」とは，非価格制限行為により，当該行為の相手方とその競争者間の競争が妨げられ，当該行為の相手方がその意思で価格をある程度自由に左右し，当該商品の価格を維持し又は引き上げることができるような状態をもたらすおそれが生じる場合をいう。

「価格維持効果が生じる場合」に当たるかどうかは，上記（1）の適法・違法性判断基準の考え方に従って判断することになる。例えば，市場が寡占的であったり，ブランドごとの製品差別化が進んでいて，ブランド間競争が十分に機能しにくい状況の下で，市場における有力な事業者によって厳格な地域制限（後記第2の3(3)参照）が行われると，当該ブランドの商品を巡る価格競争が阻害され，価格維持効果が生じることとなる。また，この判断に当たっては，他の事業者の行動も考慮の対象となる。例えば，複数の事業者がそれぞれ並行的にこのような制限を行う場合には，一事業者のみが行う場合と比べ市場全体として価格維持効果が生じる可能性が高くなる。

なお，「価格維持効果が生じる場合」に当たるかどうかの判断において，非価格制限行為により，具体的に上記のような状態が発生することを要するものではない。

（3）　垂直的制限行為によって生じ得る競争促進効果

垂直的制限行為によって，新商品の販売が促進される，新規参入が容易になる，品質やサービスが向上するなどの場合には，競争促進的な効果が認められ得る。この典型例としては，次のような場合がある。

　ア　流通業者は，他の流通業者がある事業者の商品について販売前に実施する販売促進活動によって需要が喚起されている場合，自ら販売促進活動を行うことなく当該商品を販売することができる。このような場合に，いずれの流通業者も，自ら費用をかけて積極的な販売促進活動を行わなくなり，本来であれば当該商品を購入したであろう消費者が購入しない状況に至ることがあり得る。このような状態は，「フリーライダー問題」と称されている。フリーライダー問題が起きやすい条件の一つは，消費者の商品に対する情報が限られていることである。例えば，新商品や消費者からみて使用方法等が技術的に複雑な商品では，消費者の持つ情報は不足し，需要を喚起するためには，流通業者による当該商品についての情報提供や販売促進活動が十分に行われる必要がある。さらに，消費者が，販売促進活動を実施する流通業者から対象商品を購入せずに，販売促進活動を実施していない他の流通業者から購入することによる購入費

用節約の効果が大きいことも必要である。この効果は，通常，当該商品が相当程度高額である場合に大きくなる。このような条件が満たされ，フリーライダー問題が現実に起こるために，購入に必要な情報が消費者に十分提供されなくなる結果，商品の供給が十分になされなくなるような高度の蓋然性があるときに，当該事業者が，一定の地域を一流通業者のみに割り当てることなどが，フリーライダー問題を解消するために有効となり得る。ただし，このような制限に競争促進効果があると認められるのは，当該流通業者が実施する販売促進活動が当該商品に関する情報を十分に有していない多数の新規顧客の利益につながり，当該制限がない場合に比べ購入量が増大することが期待できるなどの場合に限られる。また，そうした販売促進活動が，当該商品に特有のものであり，かつ，販売促進活動に要する費用が回収不能なもの（いわゆる埋没費用）であることが必要である。

　イ　事業者が，自社の新商品について高品質であるとの評判を確保する上で，高品質な商品を取り扱うという評判を有している小売業者に限定して当該新商品を供給することが，販売戦略上重要といえる場合がある。このような場合において，当該事業者が流通業者の販売先を当該小売業者に限定することが，当該新商品について高品質であるとの評判を確保する上で有効となり得る。

　ウ　事業者が新商品を発売するために，専用設備の設置等の特有の投資を流通業者に求めることがある。このとき，他の流通業者がそのような投資を行わずに当該新商品を販売することができるとなると，投資を行った流通業者が当該投資を回収できず，結果として，そのような投資が行われなくなることがある。このような場合において，当該事業者が，一定の地域を一流通業者のみに割り当てることが，特有の投資を流通業者に求める上で有効となり得る。

　エ　部品メーカーが，完成品メーカーの求める特定の要求を満たす部品を製造するための専用機械や設備の設置等の特有の投資を行う必要がある場合には，当該部品メーカーが当該完成品メーカーに対し，一定数量の当該部品の購入を義務付けることなどが，特有の投資を行う上で有効となり得る。

　オ　事業者が，自社商品に対する顧客の信頼（いわゆるブランドイメージ）を高めるために，当該商品の販売に係るサービスの統一性やサービスの質の標準化を図ろうとする場合がある。このような場合において，当該事業者が，流通業者の販売先を一定の水準を満たしている者に限定したり，小売業者の販売方法等を制限したりすることが，当該商品の顧客に対する信頼を高める上で有効となり得る。

（4）　市場における有力な事業者

　垂直的制限行為には，「市場における有力な事業者」によって当該行為が行われた場合に不公正な取引方法として違法となるおそれがあるものがある。後記第2の2（自己の競争者との取

引等の制限）の各行為類型，同3（3）（厳格な地域制限）及び同7（抱き合わせ販売）がこれに当たる。

　「市場における有力な事業者」と認められるかどうかについては，当該市場（制限の対象となる商品と機能・効用が同様であり，地理的条件，取引先との関係等から相互に競争関係にある商品の市場をいい，基本的には，需要者にとっての代替性という観点から判断されるが，必要に応じて供給者にとっての代替性という観点も考慮される。）におけるシェアが20％を超えることが一応の目安となる。ただし，この目安を超えたのみで，その事業者の行為が違法とされるものではなく，当該行為によって「市場閉鎖効果が生じる場合」又は「価格維持効果が生じる場合」に違法となる。

　市場におけるシェアが20％以下である事業者や新規参入者がこれらの行為を行う場合には，通常，公正な競争を阻害するおそれはなく，違法とはならない。

第1　再販売価格維持行為

1　考え方

　（1）　事業者が市場の状況に応じて自己の販売価格を自主的に決定することは，事業者の事業活動において最も基本的な事項であり，かつ，これによって事業者間の競争と消費者の選択が確保される。

　事業者がマーケティングの一環として，又は流通業者の要請を受けて，流通業者の販売価格を拘束する場合には，流通業者間の価格競争を減少・消滅させることになることから，このような行為は原則として不公正な取引方法として違法となる。

　（2）　事業者が設定する希望小売価格や建値は，流通業者に対し単なる参考として示されているものである限りは，それ自体は問題となるものではない。しかし，参考価格として単に通知するだけにとどまらず，その価格を守らせるなど，事業者が流通業者の販売価格を拘束する場合には，上記（1）の行為に該当し，原則として違法となる（注4）。

（注4）　事業者が希望小売価格等を設定する場合においては，再販売価格を拘束すること（再販売価格の拘束に当たるかどうかについては，下記2において述べる考え方に基づき判断される。）にならなければ，通常問題となるものではない。

　　　なお，希望小売価格等を流通業者に通知する場合には，「正価」，「定価」といった表示や金額のみの表示ではなく，「参考価格」，「メーカー希望小売価格」といった非拘束的な用語を用いるとともに，通知文書等において，希望小売価格等はあくまでも参考であること，流通業者の販売価格はそれぞれの流通業者が自主的に決めるべきものであることを明示することが，独占禁止法違反行為の未然防止の観点から望ましい。

2　再販売価格の拘束

（1）　事業者が流通業者の販売価格（再販売価格）を拘束することは，原則として不公正な取引方法に該当し，違法となる（独占禁止法第2条第9項第4号（再販売価格の拘束））（**注5**）。すなわち，再販売価格の拘束は，流通業者間の価格競争を減少・消滅させることになることから，通常，競争阻害効果が大きく，原則として公正な競争を阻害するおそれのある行為である。このため，独占禁止法においては，事業者が，流通業者に対して，「正当な理由」がないのに再販売価格の拘束を行うことは，不公正な取引方法として違法となると規定されている。換言すれば，再販売価格の拘束が行われる場合であっても，「正当な理由」がある場合には例外的に違法とはならない。

（**注5**）　役務の提供価格を拘束する場合には，一般指定12項（拘束条件付取引）に該当する。基本的な考え方は独占禁止法第2条第9項第4号に該当する場合と同様である。

（2）　「正当な理由」は，事業者による自社商品の再販売価格の拘束によって実際に競争促進効果が生じてブランド間競争が促進され，それによって当該商品の需要が増大し，消費者の利益の増進が図られ，当該競争促進効果が，再販売価格の拘束以外のより競争阻害的でない他の方法によっては生じ得ないものである場合において，必要な範囲及び必要な期間に限り，認められる。

　例えば，事業者が再販売価格の拘束を行った場合に，当該再販売価格の拘束によって前記第1部の3（3）アに示されるような，いわゆる「フリーライダー問題」の解消等を通じ，実際に競争促進効果が生じてブランド間競争が促進され，それによって当該商品の需要が増大し，消費者の利益の増進が図られ，当該競争促進効果が，当該再販売価格の拘束以外のより競争阻害的でない他の方法によっては生じ得ないものである場合には，「正当な理由」があると認められる。

（3）　再販売価格の拘束の有無は，事業者の何らかの人為的手段によって，流通業者が当該事業者の示した価格で販売することについての実効性が確保されていると認められるかどうかで判断される。

　次のような場合には，「流通業者が事業者の示した価格で販売することについての実効性が確保されている」と判断される。

　［1］　例えば次のように，文書によるか口頭によるかを問わず，事業者と流通業者との間の合意によって，当該事業者の示した価格で販売するようにさせている場合

　　a　事業者の示した価格で販売することが文書又は口頭による契約において定められている場合

　　b　事業者の示した価格で販売することについて流通業者に同意書を提出させる場合

c　事業者の示した価格で販売することを取引の条件として提示し，条件を受諾した流通
　　　業者とのみ取引する場合
　　d　事業者の示した価格で販売し，売れ残った商品は値引き販売せず，当該事業者が買い
　　　戻すことを取引の条件とする場合

（具体例）

　X社は，X社製キャンプ用品について，翌シーズンに小売業者が販売を行うに当たっての販
売ルール（以下「販売ルール」という。）を次のとおり定めていた。

ア　販売価格は，X社製キャンプ用品ごとにX社が定める下限の価格以上の価格とする。

イ　割引販売は，他社の商品を含めた全ての商品を対象として実施する場合又は実店舗におけ
る在庫処分を目的として，X社が指定する日以降，チラシ広告を行わずに実施する場合に限り
認める。

　X社はX社製キャンプ用品について，自ら又は取引先卸売業者を通じて

　　ア　継続して取引を行う小売業者に対しては，翌シーズンの取引について商談を行うに当
　　　たり，X社が定めた下限の価格を記載した見積書を提示するなどして，販売ルールに従
　　　って販売するよう要請し

　　イ　新たにX社製キャンプ用品の取引を希望する小売業者に対しては，取引開始に当たり，
　　　販売ルールに従って販売するよう要請し

X社が他の小売業者にも販売ルールに従って販売させることを前提に，小売業者から販売ルー
ルに従って販売する旨の同意を得て，当該小売業者に販売ルールに従って販売するようにさせ
ていた。

　このようなX社の行為は，独占禁止法第2条第9項第4号イ及びロに該当し，独占禁止法第
19条の規定に違反する。（平成28年6月15日排除措置命令，平成28年（措）第7号）

　［2］　例えば次のように，事業者の示した価格で販売しない場合に経済上の不利益を課し，
又は課すことを示唆する等，何らかの人為的手段を用いることによって，当該価格で販売する
ようにさせている場合

　　a　事業者の示した価格で販売しない場合に出荷停止等の経済上の不利益（出荷量の削減，
　　　出荷価格の引上げ，リベートの削減，他の製品の供給拒絶等を含む。以下同じ。）を課す
　　　場合，又は課す旨を流通業者に対し通知・示唆する場合

　　b　事業者の示した価格で販売する場合にリベート等の経済上の利益（出荷価格の引下げ，
　　　他の製品の供給等を含む。以下同じ。）を供与する場合，又は供与する旨を流通業者に対
　　　し通知・示唆する場合

　　c　事業者の示した価格で販売しているかどうかを調べるため，販売価格の報告徴収，店頭
　　　でのパトロール，派遣店員による価格監視，帳簿等の書類閲覧等の行為を行うことによ

って事業者の示した価格で販売するようにさせている場合

    d 商品に秘密番号を付すなどによって，安売りを行っている流通業者への流通ルートを突き止め，当該流通業者に販売した流通業者に対し，安売り業者に販売しないように要請することによって事業者の示した価格で販売するようにさせている場合

    e 安売りを行っている流通業者の商品を買い上げ，当該商品を当該流通業者又はその仕入先である流通業者に対して買い取らせ，又は買上げ費用を請求することによって事業者の示した価格で販売するようにさせている場合

    f 安売りを行っている流通業者に対し，安売りについてのその他の流通業者の苦情を取り次ぎ，安売りを行わないように要請することによって事業者の示した価格で販売するようにさせている場合

  (4) 再販売価格の拘束の手段として，取引拒絶やリベートの供与等についての差別取扱いが行われる場合には，その行為自体も不公正な取引方法に該当し，違法となる（一般指定2項（その他の取引拒絶）又は4項（取引条件等の差別取扱い））。

  (5) 上記（3）において，事業者が流通業者に対し示す価格には，確定した価格のほか，例えば次のような価格も含まれる。

    a 希望小売価格の○%引き以内の価格

    b 一定の範囲内の価格（□円以上△円以下）

    c 事業者の事前の承認を得た価格

    d 近隣店の価格を下回らない価格

    e 一定の価格を下回って販売した場合には警告を行うなどにより，事業者が流通業者に対し暗に下限として示す価格

  (6) 上記（3），（4）及び（5）の考え方は，事業者が直接の取引先事業者に（例えばメーカーが卸売業者に）対して行う場合のみならず，事業者が間接の取引先事業者に（例えばメーカーが小売業者や二次卸等に）対し，直接の取引先事業者を通じて，あるいは自ら直接に，その販売価格を拘束する場合にも当てはまる（独占禁止法第2条第9項第4号，一般指定2項又は4項）。

  (7) なお，次のような場合であって，事業者の直接の取引先事業者が単なる取次ぎとして機能しており，実質的にみて当該事業者が販売していると認められる場合には，当該事業者が当該取引先事業者に対して価格を指示しても，通常，違法とはならない。

  ［1］ 委託販売の場合であって，受託者は，受託商品の保管，代金回収等についての善良な管理者としての注意義務の範囲を超えて商品が滅失・毀損した場合や商品が売れ残った場合の危険負担を負うことはないなど，当該取引が委託者の危険負担と計算において行われている場合

  ［2］ メーカーと小売業者（又はユーザー）との間で直接価格について交渉し，納入価格が決定される取引において，卸売業者に対し，その価格で当該小売業者（又はユーザー）に納入する

よう指示する場合であって，当該卸売業者が物流及び代金回収の責任を負い，その履行に対する手数料分を受け取ることとなっている場合など，実質的にみて当該メーカーが販売していると認められる場合

（具体例）

［1］　インターネットを用いた音楽配信業務において，コンテンツプロバイダーA社が，ポータルサイトを運営するプラットフォーム事業者B社との間で，A社が指示する価格で音楽配信することを定めた委託販売契約を締結することは，A社がB社に対し，A社の提供する楽曲のB社のサーバーへのアップロード及び代金徴収業務のみを委託するものであり，実質的にはA社が自らの保有する楽曲を利用者に直接提供するものと認められ，直ちに独占禁止法上問題となるものではない。（平成16年度相談事例集「3 音楽配信サービスにおけるコンテンツプロバイダーによる価格の指定」）

［2］　産業用部品AのメーカーであるX社が，同社のユーザーであるZ社との間で，産業用部品Aの販売価格を取り決め，X社の代理店であるY社に対し，当該価格でZ社に納入するよう指示すること（具体的には，Y社にZ社向け産業用部品Aの物流，代金回収及び在庫保管の責任を負ってもらうこととし，その履行に対する手数料は，Y社のZ社への納入価格とY社のX社からの購入価格との差額とする。）は，Y社は物流，代金回収及び在庫保管の責任を負うが，Y社が負う在庫管理に伴う危険負担は極めて低いと考えられることから，実質的にみてX社がZ社へ直接販売していると認められる。また，X社が指示するのはY社がZ社に納入する価格のみであり，Y社がZ社以外のユーザーに販売する際の価格や，Y社以外の代理店が販売する際の価格を指示するものではないことから，X社の産業用部品Aについての価格競争に与える影響はほとんどないと考えられる。したがって，独占禁止法上問題となるものではない。（平成21年度相談事例集「2 代理店の再販売価格の拘束」）

3　流通調査

事業者が単に自社の商品を取り扱う流通業者の実際の販売価格，販売先等の調査（「流通調査」）を行うことは，当該事業者の示した価格で販売しない場合に当該流通業者に対して出荷停止等の経済上の不利益を課す，又は課す旨を通知・示唆する等の流通業者の販売価格に関する制限を伴うものでない限り，通常，問題とはならない。

第2　非価格制限行為

1　考え方

（1）　事業者の非価格制限行為は，前記第1部の3のとおり，その行為類型及び個別具体的な

ケースごとに市場の競争に与える影響をみて，違法となるか否かが判断される。以下では，主な行為類型ごとにその適法・違法性判断基準の考え方等を示す。

(2)　事業者が非価格制限行為を行っているかどうかについては，前記第1の2で述べた再販売価格についての拘束と同様，事業者が取引先事業者に対し契約等で制限している場合だけでなく，事業者の要請に従わない取引先事業者に対し経済上の不利益を課すなど何らかの人為的手段を用いることによって制限の実効性が確保されている場合にも，制限行為が行われていると判断される。

2　自己の競争者との取引等の制限

(1)　取引先事業者に対する自己の競争者との取引や競争品の取扱いに関する制限

ア　事業者は，例えば，マーケティングの一環として，取引先事業者に対し，自己の競争者との取引等の制限を行うことがあり，これらについては経営上の利点も指摘される。しかし，このような制限を行う事業者の市場における地位等によっては，このような制限が，既存の競争者の事業活動を阻害したり，参入障壁を高めたりするような状況をもたらす可能性がある。

イ　市場における有力な事業者が，例えば次のように，取引先事業者に対し自己又は自己と密接な関係にある事業者（注6）の競争者と取引しないよう拘束する条件を付けて取引する行為，取引先事業者に自己又は自己と密接な関係にある事業者の競争者との取引を拒絶させる行為，取引先事業者に対し自己又は自己と密接な関係にある事業者の商品と競争関係にある商品（以下「競争品」という。）の取扱いを制限するよう拘束する条件を付けて取引する行為を行うことにより，市場閉鎖効果が生じる場合には，当該行為は不公正な取引方法に該当し，違法となる（一般指定2項（その他の取引拒絶），11項（排他条件付取引）又は12項（拘束条件付取引））。

なお，「市場閉鎖効果が生じる場合」に当たるかどうかについては，前記第1部の3(1)及び(2)アにおいて述べた考え方に基づき判断される。例えば，このような制限を行う事業者の商品が強いブランド力を有している場合や競争者の供給余力が総じて小さい場合には，そうでない場合と比較して，取引先事業者にとって当該事業者から商品の供給を受けることがより重要となり，当該制限の実効性が高まることから，市場閉鎖効果が生じる可能性が高くなる。また，制限の期間が長期間にわたるほど，制限の相手方の数が多いほど，競争者にとって制限の相手方との取引が重要であるほど，そうでない場合と比較して，市場閉鎖効果が生じる可能性が高くなる。複数の事業者がそれぞれ並行的にこのような制限を行う場合には，一事業者のみが制限を行う場合と比べ市場全体として市場閉鎖効果が生じる可能性が高くなる。

　　[1]　市場における有力な原材料メーカーが，完成品メーカーに対し，自己以外の原材料メーカーと取引する場合には原材料の供給を打ち切る旨通知し，又は示唆して，自己以外の原材料メーカーとは取引しないよう要請すること（一般指定11項）

〔2〕 市場における有力な完成品メーカーが，有力な部品メーカーに対し，自己の競争者である完成品メーカーには部品を販売せず，又は部品の販売を制限するよう要請し，その旨の同意を取り付けること（一般指定11項又は12項）

〔3〕 市場における有力なメーカーが，流通業者に対し，取引の条件として自社商品のみの取扱いを義務付けること（一般指定11項）

〔4〕 市場における有力なメーカーが，流通業者に対し，競争品である輸入品など特定の商品又は特定事業者の商品の取扱いを制限する条件を付けて取引すること（一般指定12項）

〔5〕 市場における有力なメーカーが，取引の条件として流通業者の取扱能力の限度に近い販売数量の義務付けを行うことによって，競争品の取扱いを制限すること（一般指定12項）

〔6〕 市場における有力なメーカーが，流通業者に対し，新規参入しようとする特定のメーカーからの取引の申込みに応じないようにさせること（一般指定2項）

(注6) 「自己と密接な関係にある事業者」とは，自己と共通の利害関係を有する事業者をいい，これに該当するか否かは，株式所有関係，役員兼任・派遣関係，同一のいわゆる企業集団に属しているか否か，取引関係，融資関係等を総合的に考慮して個別具体的に判断される。以下において同じ。

ウ 一方，例えば，次のように，自己の競争者との取引や競争品の取扱いに関する制限について独占禁止法上正当と認められる理由がある場合には，違法とはならない。

〔1〕 完成品メーカーが部品メーカーに対し，原材料を支給して部品を製造させている場合に，その原材料を使用して製造した部品を自己にのみ販売させること

〔2〕 完成品メーカーが部品メーカーに対し，ノウハウ（産業上の技術に係るものをいい，秘密性のないものを除く。）を供与して部品を製造させている場合で，そのノウハウの秘密を保持し，又はその流用を防止するために必要であると認められるときに自己にのみ販売させること

エ 上記ア，イ及びウの考え方は，事業者が直接の取引先事業者をしてその取引の相手方に（例えばメーカーが卸売業者をして小売業者に）自己の競争者との取引や競争品の取扱いに関する制限をさせる場合にも当てはまる（一般指定2項又は12項）。

(2) 対抗的価格設定による競争者との取引の制限

ア 事業者が，自社商品の価格を市場の状況に応じて引き下げることは，正に競争の現れであり，競争政策の観点から積極的に評価できよう。しかし，次のイのように競争者に対抗して価格を引き下げた場合には自己との取引を継続することを相手方に約束させることは，競争者

の取引の機会を減少させるおそれがある。

イ　市場における有力な事業者が，取引先事業者に対し，自己の競争者から取引の申込みを受けたときには必ずその内容を自己に通知し，自己が対抗的に販売価格を当該競争者の提示する価格と同一の価格又はこれよりも有利な価格に引き下げれば，当該取引先事業者は当該競争者とは取引しないこと又は自己との従来の取引数量を維持することを約束させて取引し，これによって市場閉鎖効果が生じる場合には，当該行為は不公正な取引方法に該当し，違法となる（一般指定11項又は12項）。

なお，「市場閉鎖効果が生じる場合」に当たるかどうかについては，上記（1）「取引先事業者に対する自己の競争者との取引や競争品の取扱いに関する制限」において述べた考え方と同様である。

3　販売地域に関する制限

（1）　事業者は，例えば，マーケティングの一環として，流通業者に対し，販売地域に関し次のような制限を課すことがある。

> ［1］　事業者が流通業者に対して，一定の地域を主たる責任地域として定め，当該地域内において，積極的な販売活動を行うことを義務付けること（主たる責任地域を設定するのみであって，下記［3］又は［4］に当たらないもの。以下「責任地域制」という。）
>
> ［2］　事業者が流通業者に対して，店舗等の販売拠点の設置場所を一定地域内に限定したり，販売拠点の設置場所を指定すること（販売拠点を制限するのみであって，下記［3］又は［4］に当たらないもの。以下「販売拠点制」という。）
>
> ［3］　事業者が流通業者に対して，一定の地域を割り当て，地域外での販売を制限すること（以下「厳格な地域制限」という。）
>
> ［4］　事業者が流通業者に対して，一定の地域を割り当て，地域外の顧客からの求めに応じた販売を制限すること（以下「地域外顧客への受動的販売の制限」という。）

（2）　責任地域制及び販売拠点制

事業者が商品の効率的な販売拠点の構築やアフターサービス体制の確保等のため，流通業者に対して責任地域制や販売拠点制を採ることは，厳格な地域制限又は地域外顧客への受動的販売の制限に該当しない限り，通常，これによって価格維持効果が生じることはなく，違法とはならない。

例えば，インターネットを利用した販売において，事業者が流通業者に対し，一定の地域や顧客を対象として，当該流通業者のウェブサイト又は第三者（プラットフォーム事業者等）のウェブサイト上に広告を掲載させたり，メールマガジンを配信させたりするなど，当該一定の

地域や顧客を対象として積極的な販売活動を行うことを義務付けることは，通常違法とはならない。しかし，当該一定の地域や顧客以外の地域や顧客を対象とした販売を制限するなど，厳格な地域制限又は地域外顧客への受動的販売の制限に該当する場合には，下記（3）又は（4）において述べる考え方に基づき判断される。

（3）　厳格な地域制限

　市場における有力な事業者が流通業者に対し厳格な地域制限を行い，これによって価格維持効果が生じる場合には，不公正な取引方法に該当し，違法となる（一般指定12項（拘束条件付取引））（注7）。

　なお，「価格維持効果が生じる場合」に当たるかどうかについては，前記第1部の3（1）及び（2）イにおいて述べた考え方に基づき判断される。例えば，市場が寡占的であったり，ブランドごとの製品差別化が進んでいて，ブランド間競争が十分に機能しにくい状況の下で，市場における有力な事業者によって厳格な地域制限が行われると，当該ブランドの商品を巡る価格競争が阻害され，価格維持効果が生じることとなる。また，複数の事業者がそれぞれ並行的にこのような制限を行う場合には，一事業者のみが行う場合と比べ市場全体として価格維持効果が生じる可能性が高くなる。

(注7)　新商品のテスト販売や地域土産品の販売に当たり販売地域を限定する場合は，通常，これによって価格維持効果が生じることはなく，違法とはならない。

（4）　地域外顧客への受動的販売の制限

　事業者が流通業者に対し地域外顧客への受動的販売の制限を行い，これによって価格維持効果が生じる場合には，不公正な取引方法に該当し，違法となる（一般指定12項）。

　地域外顧客への受動的販売の制限は，厳格な地域制限と比較して，地域外の顧客からの求めに応じた販売をも制限している分，ブランド内競争を制限する効果が大きい。

　例えば，インターネットを利用した販売において，流通業者のウェブサイトを見た顧客が当該流通業者に注文し，その結果販売につながった場合，これは受動的販売に当たる。メールマガジンを受信するなど，当該流通業者からの情報を継続して受け取ることとした顧客が，当該情報を見て当該流通業者に注文し，その結果販売につながった場合も同様である。このような場合において，事業者が流通業者に対し一定の地域を割り当て，顧客の配送先情報等から当該顧客の住所が地域外であることが判明した場合，当該顧客とのインターネットを利用した取引を停止させることは，地域外顧客への受動的販売の制限に当たり，これによって価格維持効果が生じる場合には，不公正な取引方法に該当し，違法となる。

（5） 上記（2），（3）及び（4）の考え方は，事業者が直接の取引先事業者をしてその取引の相手方の（例えばメーカーが卸売業者をして小売業者の）販売地域を制限させる場合にも当てはまる（一般指定12項）。

4 流通業者の取引先に関する制限

（1） 事業者は，流通業者に対しその取引先を特定の事業者に制限し，販売活動を行わせることがある。例えば

　　［1］ 事業者が卸売業者に対して，その販売先である小売業者を特定させ，小売業者が特定の卸売業者としか取引できないようにすること（以下「帳合取引の義務付け」という。）

　　［2］ 事業者が流通業者に対して，商品の横流しをしないよう指示すること（以下「仲間取引の禁止」という。）

　　［3］ 事業者が卸売業者に対して，安売りを行う小売業者への販売を禁止すること
　　等が挙げられる。

（2） 帳合取引の義務付け

事業者が流通業者に対し帳合取引の義務付けを行い，これによって価格維持効果が生じる場合には，不公正な取引方法に該当し，違法となる（一般指定12項（拘束条件付取引））。

帳合取引の義務付けは，卸売業者に対して，取引先として一定の小売業者を割り当て，他の卸売業者の帳合先となっている小売業者から取引の申出があっても，その申出に応じてはならないこととなり，これは，流通業者に対し割り当てられた地域外の顧客の求めに応じた販売を制限するのと同様の行為である。このため，「価格維持効果が生じる場合」に当たるかどうかについては，上記3(4)「地域外顧客への受動的販売の制限」において述べた考え方と同様である。

（3） 仲間取引の禁止

仲間取引の禁止は，取引の基本となる取引先の選定に制限を課すものであるから，その制限の形態に照らして販売段階での競争制限に結び付く可能性があり，これによって価格維持効果が生じる場合には，不公正な取引方法に該当し，違法となる（一般指定12項）。

なお，仲間取引の禁止が，下記（4）の安売り業者への販売禁止のために行われる場合には，通常，価格競争を阻害するおそれがあり，原則として不公正な取引方法に該当し，違法となる（一般指定12項）。

（4） 安売り業者への販売禁止

事業者が卸売業者に対して，安売りを行うことを理由（**注8**）に小売業者へ販売しないように

させることは，事業者が市場の状況に応じて自己の販売価格を自主的に決定するという事業者の事業活動において最も基本的な事項に関与する行為であるため，前記第1「再販売価格維持行為」において述べた考え方に準じて，通常，価格競争を阻害するおそれがあり，原則として不公正な取引方法に該当し，違法となる（一般指定2項（その他の取引拒絶）又は12項）。

なお，事業者が従来から直接取引している流通業者に対して，安売りを行うことを理由（注8）に出荷停止を行うことも，通常，価格競争を阻害するおそれがあり，原則として不公正な取引方法に該当し，違法となる（一般指定2項）。

(注8)　「安売りを行うことを理由」にしているかどうかは，他の流通業者に対する対応，関連する事情等の取引の実態から客観的に判断される。

5　選択的流通

事業者が自社の商品を取り扱う流通業者に関して一定の基準を設定し，当該基準を満たす流通業者に限定して商品を取り扱わせようとする場合，当該流通業者に対し，自社の商品の取扱いを認めた流通業者以外の流通業者への転売を禁止することがある。「選択的流通」と呼ばれるものであり，前記第1部の3（3）のような競争促進効果を生じる場合があるが，商品を取り扱う流通業者に関して設定される基準が，当該商品の品質の保持，適切な使用の確保等，消費者の利益の観点からそれなりの合理的な理由に基づくものと認められ，かつ，当該商品の取扱いを希望する他の流通業者に対しても同等の基準が適用される場合には，たとえ事業者が選択的流通を採用した結果として，特定の安売り業者等が基準を満たさず，当該商品を取り扱うことができなかったとしても，通常，問題とはならない。

6　小売業者の販売方法に関する制限

（1）　小売業者の販売方法に関する制限として，具体的には，事業者が小売業者に対して，
　　［1］　商品の説明販売を指示すること
　　［2］　商品の宅配を指示すること
　　［3］　商品の品質管理の条件を指示すること
　　［4］　自社商品専用の販売コーナーや棚場を設けることを指示すること
等が挙げられる。

（2）　事業者が小売業者に対して，販売方法（販売価格，販売地域及び販売先に関するものを除く。）を制限することは，商品の安全性の確保，品質の保持，商標の信用の維持等，当該商品の適切な販売のためのそれなりの合理的な理由が認められ，かつ，他の小売業者に対しても同等の条件が課せられている場合には，それ自体は独占禁止法上問題となるものではない。

（具体例）

　〔1〕　医療機器AのメーカーであるX社が，取引先事業者に対し，自社ブランドの医療機器Aについて，通信販売及び通信販売を行う事業者への販売を禁止すること（具体的な方法として，取引先事業者が，X社の医療機器Aの通信販売を行っている，又は通信販売業者にX社の医療機器Aを販売しているとの情報に接した場合には，当該取引先事業者に対し，通信販売をやめるよう，又は通信販売業者への販売をやめるよう要請し，それでもやめない事業者に対しては，X社の医療機器Aの出荷を停止する。）は，

　　　ア　（ア）　X社の医療機器Aは，調整が行われないままで販売されると性能の発揮が著しく阻害され，消費者に不利益を与える蓋然性が高いこと

　　　　　（イ）　X社の医療機器Aの調整は通信販売では行うことができないこと

　　　　　（ウ）　消費者が販売時の調整を必要としない機器に限定して行う通信販売についてまで禁止するものではなく，必要最小限の制限であること

からすれば，本件取組を行う合理的な理由があると考えられること

　　　イ　全ての取引先事業者について同等の制限が課せられること

　　　ウ　店舗販売を行うX社の取引先事業者の中には，希望小売価格より相当程度低い価格で販売を行う者も存在し，本件が，取引先事業者の販売価格について制限を行うものであるとは考えられないこと

から，X社が取引先事業者の事業活動を不当に制限するものではなく，独占禁止法上問題となるものではない。（平成23年度相談事例集「1　医療機器メーカーによる通信販売の禁止」）

　〔2〕　機械製品AのメーカーであるX社が，小売業者に対して，一般消費者に新商品の機能を説明することを義務付けること（具体的な方法として，店員による説明又は自社が作成した動画の小売業者のショッピングサイトへの掲載を求める。）は，

　　　ア　義務付ける内容が過度なものではなく，新商品の適切な販売のための合理的な理由が認められること

　　　イ　実質的に同等の条件が全ての小売業者に対して課せられていること

から，独占禁止法上問題となるものではない。（平成26年度相談事例集「6　機械製品メーカーによる新商品の機能の説明の義務付け」）

　しかし，事業者が小売業者の販売方法に関する制限を手段として，小売業者の販売価格，競争品の取扱い，販売地域，取引先等についての制限を行っている場合（**注9**）には，前記第1及び第2の2から4において述べた考え方に従って違法性の有無が判断される（独占禁止法第2条第9項第4号（再販売価格の拘束），一般指定11項（排他条件付取引）又は12項（拘束条件付取引））。

（3）　また，販売方法の一つである広告・表示の方法について，次のような制限を行うことは，事業者が市場の状況に応じて自己の販売価格を自主的に決定するという事業者の事業活動において最も基本的な事項に関与する行為であるため，前記第1「再販売価格維持行為」において述べた考え方に準じて，通常，価格競争が阻害されるおそれがあり，原則として不公正な取引方法に該当し，違法となる（一般指定12項）。

　　［1］　事業者が小売業者に対して，店頭，チラシ等で表示する価格について制限し，又は価格を明示した広告を行うことを禁止すること

　　［2］　事業者が自己の取引先である雑誌，新聞等の広告媒体に対して，安売り広告や価格を明示した広告の掲載を拒否させること

（4）　上記（2）及び（3）の考え方は，事業者が直接の取引先事業者をしてその取引の相手方の（例えばメーカーが卸売業者をして小売業者の）販売方法を制限させる場合にも当てはまる（一般指定12項）。

7　抱き合わせ販売

（1）　考え方

　複数の商品を組み合わせることにより，新たな価値を加えて取引の相手方に商品を提供することは，技術革新・販売促進の手法の一つであり，こうした行為それ自体が直ちに独占禁止法上問題となるものではない。

　しかし，事業者が，ある商品（主たる商品）の供給に併せて他の商品（従たる商品）を購入させることは，当該事業者の主たる商品の市場における地位等によっては，従たる商品の市場における既存の競争者の事業活動を阻害したり，参入障壁を高めたりするような状況等をもたらす可能性がある。

（2）　独占禁止法上問題となる場合

　ある商品（主たる商品）の市場における有力な事業者が，取引の相手方に対し，当該商品の供給に併せて他の商品（従たる商品）を購入させることによって，従たる商品の市場において市場閉鎖効果が生じる場合には（注10），不公正な取引方法に該当し，違法となる（一般指定10項（抱き合わせ販売等））。

　なお，「市場閉鎖効果が生じる場合」に当たるかどうかについては，前記第1部の3（1）及び（2）アにおいて述べた考え方に基づき判断される。例えば，抱き合わせ販売を行う事業者の主

たる商品の市場シェアが大きいほど，当該行為が長期間にわたるほど，対象とされる相手方の数が多いほど，そうでない場合と比較して，市場閉鎖効果が生じる可能性が高くなる。また，従たる商品の市場における商品差別化が進んでいない場合には，そうでない場合と比較して，当該事業者の従たる商品が購入されることにより競争者の従たる商品が購入されなくなるおそれが高く，市場閉鎖効果が生じる可能性が高くなる。

　（具体例）

　X社及びY社はパソコン用ソフトウェアの開発及びライセンスの供与に係る事業を営む者である。X社の表計算ソフト及びY社のワープロソフトは，それぞれ，市場シェア第1位であった。

　X社は，自社と競合するY社のワープロソフトのみがパソコン本体に搭載されて販売されることは，X社のワープロソフトの市場シェアを高める上で重大な障害となるものと危惧し，パソコン製造販売業者に対し，X社の表計算ソフトとワープロソフトを併せてパソコン本体に搭載して出荷する契約を受け入れさせた。これにより，パソコン製造販売業者はX社の表計算ソフトとワープロソフトを併せて搭載したパソコンを発売し，X社のワープロソフトの市場シェアが拡大して市場シェア第1位を占めるに至った。

　このようなX社の行為は，一般指定10項に該当し，独占禁止法第19条の規定に違反する。

（平成10年12月14日勧告審決，平成10年（勧）第21号）

（注10）　抱き合わせ販売は，顧客の選択の自由を妨げるおそれがあり，価格，品質，サービスを中心とする能率競争の観点から，競争手段として不当である場合にも，不公正な取引方法に該当し，違法となる。事業者による抱き合わせ販売が競争手段として不当であるか否かは，主たる商品の市場力や従たる商品の特性，抱き合わせの態様のほか，当該行為の対象とされる相手方の数，当該行為の反復，継続性，行為の伝播性等の行為の広がりを総合的に考慮する。

　（3）　ある商品の供給に併せて購入させる商品が「他の商品」といえるか否かについては，組み合わされた商品がそれぞれ独自性を有し，独立して取引の対象とされているか否かという観点から判断される。具体的には，判断に当たって，それぞれの商品について，需要者が異なるか，内容・機能が異なるか（組み合わされた商品の内容・機能が抱き合わせ前のそれぞれの商品と比べて実質的に変わっているかを含む。），需要者が単品で購入することができるか（組み合わされた商品が通常一つの単位として販売又は使用されているかを含む。）等の点が総合的に考慮される。

　当該商品の供給に併せて他の商品を「購入させること」に当たるか否かは，ある商品の供給を受けるに際し客観的にみて少なからぬ顧客が他の商品の購入を余儀なくされるか否かによって判断される。

　また，ある商品を購入した後に必要となる補完的商品に係る市場（いわゆるアフターマーケット）において特定の商品を購入させる行為も，抱き合わせ販売に含まれる。

第3　リベートの供与

1　考え方

（1）　事業者の取引先事業者に対するリベート（一般的には，仕切価格とは区別されて取引先に制度的に又は個別の取引ごとに支払われる金銭をいう。）の供与の実態をみると，仕切価格の修正としての性格を有するもの，販売促進を目的としたもの等様々である。このように，リベートは，様々な目的のために支払われ，また，価格の一要素として市場の実態に即した価格形成を促進するという側面も有することから，リベートの供与自体が直ちに独占禁止法上問題となるものではない。

（具体例）

市場における有力な福祉用具メーカーX社が，福祉用具Aを販売するに当たって，インターネット販売業者を対象とせずに，店舗販売業者のみを対象とするリベートを新たに設けること（具体的な方法として，［1］来店した一般消費者に直接適切な商品説明を行うための販売員教育を行うこと，［2］種類ごとに一定の在庫を常時確保することの両方の条件を満たす場合に，当該販売方法を支援するリベートを供与する。当該リベートは，X社の福祉用具Aの販売量によって変動・増減しない固定額で供与される。）は，安値販売を行っているインターネット販売業者についてはリベートを受け取ることができないが，当該リベートは，店舗販売に要する販売コストを支援するためのものであり，インターネット販売業者に対する卸売価格を引き上げるものではなく，その事業活動を制限するものではないことから，独占禁止法上問題となるものではない。（平成25年度相談事例集「4　福祉用具メーカーによる店舗販売業者のみに対するリベートの供与」）

（2）　しかし，リベートの供与の方法によっては，取引先事業者の事業活動を制限することとなり，独占禁止法上問題となる場合がある。事業者が供与の基準の不明確なリベートを裁量的に提供する場合，特に，そうした不透明なリベートが取引先事業者のマージンの大きな割合を占める場合には，取引先事業者に対して事業者の販売政策に従わせやすくするという効果を生じ，取引先事業者の事業活動を制限することとなりやすい。このため，事業者においては，リベートの供与の基準を明確にし，これを取引の相手方に示すことが望ましい。

2　独占禁止法上問題となる場合

（1）　取引先事業者の事業活動に対する制限の手段としてのリベート

取引先事業者に対し，事業者の示した価格で販売しないためにリベートを削減する場合など，リベートを手段として，取引先事業者の販売価格，競争品の取扱い，販売地域，取引先等につい

ての制限が行われる場合には，前記第1及び第2において述べた考え方に従って違法性の有無が判断される（独占禁止法第2条第9項第4号（再販売価格の拘束），一般指定11項（排他条件付取引）又は12項（拘束条件付取引））。

また，取引先事業者がいくらで販売するか，競争品を取り扱っているかどうか等によってリベートを差別的に供与する行為それ自体も，取引先事業者に対する違法な制限と同様の機能を持つ場合には，不公正な取引方法に該当し，違法となる（一般指定4項（取引条件等の差別取扱い）以下（2）及び（3）も同様。）。

なお，いわゆる払込制（事業者が取引先事業者からマージンの全部又は一部を徴収し，これを一定期間保管した後に，当該取引先事業者に払い戻すこと）が，取引先事業者に対する違法な制限の手段となっている場合又は違法な制限と同様の機能を持つ場合も，上記と同様に判断される。

（2）　競争品の取扱制限としての機能を持つリベート

事業者は，取引先事業者の一定期間における取引額全体に占める自社商品の取引額の割合や，取引先事業者の店舗に展示されている商品全体に占める自社商品の展示の割合（占有率）に応じたリベート（以下「占有率リベート」という。）を供与する場合がある。また，事業者は，例えば，数量リベートを供与するに当たり，一定期間の取引先事業者の仕入高についてランクを設け，ランク別に累進的な供与率を設定する場合がある。このような場合において，リベートの供与が，競争品の取扱制限としての機能を持つことがある。

このようなリベートの供与が，競争品の取扱制限としての機能を持つものといえるかどうかを判断するに当たっては，リベートの水準，リベートを供与する基準，リベートの累進度，リベートの遡及性等を総合的に考慮して判断することとなる（注11）。

ア　占有率リベート

占有率リベートの供与が，競争品の取扱制限としての機能を持つこととなる場合は，前記第2の2（1）（取引先事業者に対する自己の競争者との取引や競争品の取扱いに関する制限）において述べた考え方に従って違法性の有無が判断される。

すなわち，市場における有力な事業者が占有率リベートを供与し，これによって取引先事業者の競争品の取扱いを制限することとなり，その結果，市場閉鎖効果が生じる場合には，不公正な取引方法に該当し，違法となる（一般指定4項，11項又は12項）。

イ　著しく累進的なリベート

累進的なリベートは，市場の実態に即した価格形成を促進するという側面を有するものであるが，その累進度が著しく高い場合には，自社製品を他社製品よりも優先的に取り扱わせる機能を持つ。

取引先事業者に対する著しく累進的なリベートの供与が，競争品の取扱制限としての機能を持つこととなる場合は，前記第2の2(1)（取引先事業者に対する自己の競争者との取引や競争品の取扱いに関する制限）において述べた考え方に従って違法性の有無が判断される。

すなわち，市場における有力な事業者がこのようなリベートを供与し，これによって取引先事業者の競争品の取扱いを制限することとなり，その結果，市場閉鎖効果が生じる場合には，不公正な取引方法に該当し，違法となる（一般指定4項，11項又は12項）。

(注11)　個々の考慮事項のより具体的な考え方は，排除型私的独占ガイドライン第2の3(3)ア～エにおいて明らかにされている。

(3)　帳合取引の義務付けとなるようなリベートを供与する場合

事業者は，間接の取引先である小売業者に対しても，小売業者の当該事業者の商品の仕入高に応じて，直接に，又は卸売業者を通じてリベートを供与する場合がある。事業者がこのようなリベートを供与する場合において，小売業者に対するリベートの供与額を計算するに当たって，当該事業者の商品の仕入高のうち，特定の卸売業者からの仕入高のみを計算の基礎とする場合には，帳合取引の義務付けとしての機能を持つこととなりやすい。

このようなリベートの供与が，帳合取引の義務付けとしての機能を持つこととなる場合は，前記第2の4(2)（帳合取引の義務付け）において述べた考え方に従って違法性の有無が判断される。

すなわち，このような機能を持つリベートの供与によって価格維持効果が生じる場合には，不公正な取引方法に該当し，違法となる（一般指定4項又は12項）。

第2部　取引先の選択

1　事業者は，公正かつ自由な競争を通じ，価格，品質，サービス等の取引条件の優劣に基づいた自主的判断によって取引先の選択を行う。また，事業者は取引先を選択するに当たり，個々の取引における価格，品質，サービス等の取引条件の優劣に加え，供給の安定性，技術開発力，自己の要求への対応の弾力性など購入先の事業者総体としての評価をも併せ考慮する場合がある。事業者が取引先の選択をかかる観点から行い，その結果，事業者間の取引が継続的なものとなっているのであれば，独占禁止法上問題となるものではない。

しかし，事業者が，例えば，既存の取引関係を維持するために他の事業者との間で相互に既存の取引関係を尊重しこれを優先させることを話し合ったり，他の事業者と共同して競争者を排除するような行為を行えば，顧客の獲得を巡って行われる競争が制限されたり，新たな競争者の参入が妨げられ，市場における競争が制限されることとなる。

2　第2部では，自由かつ自主的に行われるべき事業者による取引先の選択において，他の事

業者と共同して競争者の新規参入を阻止し又は競争者を排除するような行為等について，独占禁止法上の考え方を明らかにしている。

第1　顧客獲得競争の制限

1　考え方

　事業者が他の事業者と共同して，又は事業者団体が構成事業者の活動を制限して，既存の取引関係を尊重し相互に顧客の争奪を行わないこととしたり，相互に他の事業者が既に事業活動を行っている市場に進出しないこととする行為が行われることがある。また，このような行為が行われると，その実効性を確保するため，新規参入者等を市場から排除しようとする行為が行われやすくなると考えられる。

　このような行為は，顧客の獲得を巡って行われる競争を制限するものであり，原則として違法となる。

2　事業者が共同して行う顧客獲得競争の制限

　事業者が他の事業者と共同して，例えば次のような行為を行い，これによって事業者間の顧客の争奪が制限され，市場における競争が実質的に制限される場合には，当該行為は不当な取引制限に該当し，独占禁止法第3条の規定に違反する（**注1**）。

（1）　取引先の制限

　　［1］　メーカーが共同して，相互に他の事業者の顧客と取引しないことを取り決めること

　　［2］　流通業者が共同して，相互に他の事業者の販売価格を下回る価格で売り込むことによって顧客を奪取することを制限すること

　　［3］　流通業者が共同して，他の事業者の顧客と取引した場合には調整金を支払うことを取り決めること

　　［4］　メーカーが共同して，各事業者が顧客を登録し，登録した顧客以外とは取引しないことを取り決めること

　　［5］　流通業者が共同して，各事業者別にその販売先を制限すること

（2）　市場の分割

　　［1］　メーカーが共同して，各事業者別にその販売地域を制限すること

　　［2］　流通業者が共同して，相互に他の事業者が既に販売活動を行っている地域で新たに販売活動を行わないことを取り決めること

[3]　メーカーが共同して，各事業者別にその製造する商品の規格・品種を制限すること

[4]　メーカーが共同して，相互に他の事業者が既に製造している種類の商品を新たに製造しないことを取り決めること

（注1）　明示の決定がなされなくても，事業者間に取引先の制限又は市場の分割に関する暗黙の了解又は共通の意思が形成され，これによって市場における競争が実質的に制限されれば独占禁止法に違反する。以下，第2部において同じ。

3　事業者団体による顧客獲得競争の制限

　事業者団体が，構成事業者の活動について上記2(1)[1]～[5] 又は (2)[1]～[4] のような行為を行い，これによって構成事業者間の顧客の争奪が制限され，市場における競争が実質的に制限される場合には，当該行為は独占禁止法第8条第1号の規定に違反する。また，これによって市場における競争が実質的に制限されるまでには至らない場合であっても，このような行為は構成事業者の機能活動を不当に制限するものであり，原則として独占禁止法第8条第4号の規定に違反する。

第2　共同ボイコット

1　考え方

　市場における公正かつ自由な競争の結果，ある事業者が市場から退出することを余儀なくされたり，市場に参入することができなかったとしても独占禁止法上問題となることはない。

　しかし，事業者が競争者や取引先事業者等と共同して又は事業者団体が，新規参入者の市場への参入を妨げたり，既存の事業者を市場から排除しようとする行為は，競争が有効に行われるための前提条件となる事業者の市場への参入の自由を侵害するものであり，原則として違法となる。

　共同ボイコットには，様々な態様のものがあり，それが事業者の市場への参入を阻止し，又は事業者を市場から排除することとなる蓋然性の程度，市場構造等により，競争に対する影響の程度は異なる。共同ボイコットが行われ，行為者の数，市場における地位，商品又は役務の特性等からみて，事業者が市場に参入することが著しく困難となり，又は市場から排除されることとなることによって，市場における競争が実質的に制限される場合には私的独占又は不当な取引制限として違法となる。市場における競争が実質的に制限されるまでには至らない場合であっても，共同ボイコットは一般に公正な競争を阻害するおそれがあり，原則として不公正な取引方法として違法となる。また，事業者団体が共同ボイコットを行う場合にも，事業者団体による競争の実質的制限行為又は競争阻害行為（一定の事業分野における事業者の数を制限

する行為，構成事業者の機能活動を不当に制限する行為又は事業者に不公正な取引方法に該当する行為をさせるようにする行為）として原則として違法となる。

2 競争者との共同ボイコット

（1） 競争関係にある事業者が共同して，例えば次のような行為を行い，これによって取引を拒絶される事業者が市場に参入することが著しく困難となり，又は市場から排除されることとなることによって，市場における競争が実質的に制限される場合は，当該行為は私的独占又は不当な取引制限に該当し，独占禁止法第3条の規定に違反する。

[1] メーカーが共同して，安売りをする流通業者を排除するために，安売り業者に対する商品の供給を拒絶し，又は制限すること

[2] 流通業者が共同して，競争者の新規参入を妨げるために，メーカーをして新規参入者に対する商品の供給を拒絶させ，流通業者は新規参入者に対する商品の供給を拒絶すること

[3] メーカーが共同して，輸入品を排除するために，流通業者が輸入品を取り扱う場合には商品の供給を拒絶する旨通知して，当該流通業者をして輸入品を取り扱わないようにさせること

[4] 完成品メーカーが共同して，競争者の新規参入を妨げるために，原材料メーカーが新規参入者に対し原材料を供給する場合には取引を拒絶する旨通知して，当該原材料メーカーをして新規参入者に対する原材料の供給を拒絶させること

（2） 共同ボイコットによって，例えば，次のような状況となる場合には，市場における競争が実質的に制限されると認められる。

[1] 価格・品質面で優れた商品を製造し，又は販売する事業者が市場に参入することが著しく困難となる場合又は市場から排除されることとなる場合

[2] 革新的な販売方法を採る事業者などが市場に参入することが著しく困難となる場合又は市場から排除されることとなる場合

[3] 総合的事業能力が大きい事業者が市場に参入することが著しく困難となる場合又は市場から排除されることとなる場合

[4] 事業者が競争の活発に行われていない市場に参入することが著しく困難となる場合

[5] 新規参入しようとするどの事業者に対しても行われる共同ボイコットであって，新規参入しようとする事業者が市場に参入することが著しく困難となる場合

（3） 競争関係にある事業者が共同して，上記（1）[1]～[4]のような行為を行うことは，これによって市場における競争が実質的に制限されるまでには至らない場合であっても，原則として不公正な取引方法に該当し，違法となる（独占禁止法第19条違反）（独占禁止法第2条第

9項第1号又は一般指定1項（共同の取引拒絶））。

（具体例）

　［1］　X社ら5社は，レコード制作会社又はその子会社であって，着うたを提供する事業（音楽用コンパクトディスク発売用等に製作された原盤を使用して，原盤に録音された歌声等の楽曲（音源）の一部を携帯電話の着信音として設定できるように配信する事業）を営む者である。そして，X社ら5社は，着うたを提供する業務をA社に委託している。

　X社ら5社は，共同して，A社に着うたの提供業務を委託する者以外の着うたを提供する又は提供しようとする事業者に対し，原盤権の利用許諾を行わないようにすることとし，これを拒絶していた。

　このようなX社ら5社の行為は，一般指定1項第1号に該当し，独占禁止法第19条の規定に違反する。（平成20年7月24日審判審決，平成17年（判）第11号）（東京高判平成22年1月29日，平成20年（行ケ）第19号，第20号，第35号及び第36号）

　［2］　X社ら10社は，ぱちんこ機の製造に関する多くの特許権等を所有すると同時に，国内において販売されるぱちんこ機のほとんどを供給する製造販売業者である。X社ら10社は，その所有する特許権等の管理をY連盟に委託するとともに，これらに係る発明等の実施許諾の意思決定に実質的に関与していた。Y連盟が所有又は管理運営する特許権等は，ぱちんこ機の製造を行う上で重要な権利であり，これらに係る発明等の実施許諾を受けることなくぱちんこ機を製造することは困難な状況にあった。

　X社ら10社及びY連盟は，ぱちんこ機の製造分野（川下市場）への参入を排除する旨の方針に基づき，Y連盟が所有又は管理運営する特許権等の集積を図り，これらに係る発明等の実施許諾に係る市場（川上市場）において，既存のぱちんこ機製造業者以外の者に対しては実施許諾を拒絶するなどにより，参入を希望する事業者がぱちんこ機の製造を開始できないようにした。

　このようなX社ら10社及びY連盟の行為は，ぱちんこ機を製造しようとする者の事業活動を排除するものであり，独占禁止法第2条第5項に規定する私的独占に該当し，独占禁止法第3条の規定に違反する。（平成9年8月6日勧告審決，平成9年（勧）第5号）

3　取引先事業者等との共同ボイコット

（1）　事業者が取引先事業者等と共同して，例えば次のような行為を行い，これによって取引を拒絶される事業者が市場に参入することが著しく困難となり，又は市場から排除されることとなることによって，市場における競争が実質的に制限される場合には，当該行為は私的独占又は不当な取引制限に該当し（**注2**），独占禁止法第3条の規定に違反する。

　　［1］　複数の流通業者と複数のメーカーとが共同して，安売りをする流通業者を排除するために，メーカーは安売り業者に対する商品の供給を拒絶し，又は制限し，流通業者は

安売り業者に対し商品を供給するメーカーの商品の取扱いを拒絶すること

［2］　メーカーと複数の流通業者とが共同して，輸入品を排除するために，流通業者は輸入品を取り扱わず，メーカーは輸入品を取り扱う流通業者に対する商品の供給を拒絶すること

［3］　複数の流通業者とメーカーとが共同して，流通業者の新規参入を妨げるために，メーカーは新規参入者に対する商品の供給を拒絶し，流通業者は新規参入者に対し商品を供給するメーカーの商品の取扱いを拒絶すること

［4］　複数の原材料メーカーと完成品メーカーとが共同して，輸入原材料を排除するために，完成品メーカーは輸入原材料を購入せず，原材料メーカーは輸入原材料を購入する完成品メーカーに対する原材料の供給を拒絶すること

(注2)　不当な取引制限は，事業者が「他の事業者と共同して…相互にその事業活動を拘束」することを要件としている（独占禁止法第2条第6項）。ここでいう事業活動の拘束は，その内容が行為者（例えば，メーカーと流通業者）全てに同一である必要はなく，行為者のそれぞれの事業活動を制約するものであって，特定の事業者を排除する等共通の目的の達成に向けられたものであれば足りる。

　なお，取引先事業者等との共同ボイコットにより，市場における競争が実質的に制限されると認められる場合の例については，上記2(2)を参照。

(2)　事業者が取引先事業者等と共同して，上記(1)［1］～［4］のような行為を行うことは，これによって市場における競争が実質的に制限されるまでには至らない場合であっても，原則として不公正な取引方法に該当し，違法となる（独占禁止法第2条第9項第1号若しくは一般指定1項（共同の取引拒絶）又は2項（その他の取引拒絶））。

4　事業者団体による共同ボイコット

　事業者団体が，例えば次のような行為を行い，これによって取引を拒絶される事業者等が市場に参入することが著しく困難となり，又は市場から排除されることとなることによって，市場における競争が実質的に制限される場合（**注3**）には，当該行為は独占禁止法第8条第1号の規定に違反する。また，事業者団体が次のような行為を行うことは，これによって市場における競争が実質的に制限されるまでには至らない場合であっても，原則として独占禁止法第8条第3号，第4号又は第5号（独占禁止法第2条第9項第1号若しくは一般指定1項又は2項）の規定に違反する。

　　［1］　流通業者を構成事業者とする事業者団体が，輸入品を排除するために，構成事業者が輸入品を取り扱うことを禁止すること（独占禁止法第8条第1号又は第4号）

　　［2］　流通業者及びメーカーを構成事業者とする事業者団体が，構成事業者であるメーカーをして構成事業者である流通業者にのみ商品を供給し，アウトサイダーには商品を

供給しないようにさせること（独占禁止法第8条第1号又は第4号）

　　　［3］　流通業者を構成事業者とする事業者団体が，アウトサイダーを排除するために，構成事業者の取引先であるメーカーに対し，アウトサイダーに対し商品を供給しないよう要請する等によって圧力を加えること（独占禁止法第8条第1号又は第5号）

　　　［4］　流通業者を構成事業者とする事業者団体が，構成事業者の競争者の新規参入を妨げるために，構成事業者の取引先であるメーカーに対し，新規参入者に対し商品を供給しないよう要請する等によって圧力を加えること（独占禁止法第8条第1号又は第5号）

　　　［5］　流通業者を構成事業者とする事業者団体が，事業者団体への新規加入を制限するとともに，構成事業者の取引先であるメーカーをして，アウトサイダーに対する商品の供給を拒絶させること（独占禁止法第8条第1号，第3号又は第5号）

　　　［6］　役務を供給する事業者を構成事業者とする事業者団体が，当該事業者団体に加入しなければ事業を行うことが困難な状況において，事業者の新規加入を制限すること（独占禁止法第8条第1号又は第3号）

(注3)　事業者団体による共同ボイコットにより，市場における競争が実質的に制限されると認められる場合の例については，上記2(2)を参照。

第3　単独の直接取引拒絶

1　考え方

　事業者がどの事業者と取引するかは，基本的には事業者の取引先選択の自由の問題である。事業者が，価格，品質，サービス等の要因を考慮して，独自の判断によって，ある事業者と取引しないこととしても，基本的には独占禁止法上問題となるものではない。

　しかし，事業者が単独で行う取引拒絶であっても，例外的に，独占禁止法上違法な行為の実効を確保するための手段として取引を拒絶する場合には違法となり，また，競争者を市場から排除するなどの独占禁止法上不当な目的を達成するための手段として取引を拒絶する場合には独占禁止法上問題となる（注4）。

(注4)　このような行為によって，市場における競争が実質的に制限され，私的独占として違法となる場合の考え方については，排除型私的独占ガイドラインによって，その考え方が明らかにされている。

2　独占禁止法上問題となる場合

　事業者が，独占禁止法上違法な行為の実効を確保するための手段として，例えば次の［1］のような行為を行うことは，不公正な取引方法に該当し，違法となる（一般指定2項（その他の取

引拒絶))。

　また，市場における有力な事業者（注5）が，競争者を市場から排除するなどの独占禁止法上不当な目的を達成するための手段として，例えば次の［2］〜［3］のような行為を行い，これによって取引を拒絶される事業者の通常の事業活動が困難となるおそれがある場合には，当該行為は不公正な取引方法に該当し，違法となる（一般指定2項）。

　　　［1］　市場における有力なメーカーが，流通業者に対し，自己の競争者と取引しないようにさせることによって，競争者の取引の機会が減少し，他に代わり得る取引先を容易に見いだすことができなくなるようにするとともに，その実効性を確保するため，これに従わない流通業者との取引を拒絶すること（一般指定11項（排他条件付取引）にも該当する。）

　　　［2］　市場における有力な原材料メーカーが，自己の供給する原材料の一部の品種を完成品メーカーが自ら製造することを阻止するため，当該完成品メーカーに対し従来供給していた主要な原材料の供給を停止すること

　　　［3］　市場における有力な原材料メーカーが，自己の供給する原材料を用いて完成品を製造する自己と密接な関係にある事業者の競争者を当該完成品の市場から排除するために，当該競争者に対し従来供給していた原材料の供給を停止すること

（注5）「市場における有力な事業者」の考え方については，前記第1部の3(4)において述べた考え方と同様である。

第3部　総代理店

　1　事業者は，国内事業者であると外国事業者であるとを問わず，自己の取り扱う商品を供給するに当たって，ある事業者に国内市場全域を対象とする一手販売権を付与する場合がある。このような一手販売権を付与される事業者は総発売元，輸入総代理店等と呼ばれるが（以下一手販売権を付与する事業者を「供給業者」，付与される事業者を「総代理店」，これらの間の契約を「総代理店契約」という。），総代理店契約は，市場に参入するコストや参入に伴うリスクの軽減を図ることができ，また，総代理店となる事業者の組織的な販売活動が期待されるところから，外国事業者が国内市場に参入するための手段として活用されることがある。

　2　このように，総代理店契約は一般的に競争促進に寄与し得るものであるが，契約対象商品や契約当事者の市場における地位又は行動いかんによっては，市場における競争を阻害することがある。以下では，総代理店契約という取引形態に着目して，不公正な取引方法に関する規制の観点から，独占禁止法上の考え方を明らかにしている。

　3　第3部の第1は総代理店契約の一方が他方に対して課す制限を対象としており，総代理店

がマーケティングの主体となって流通業者に対して行う再販売価格維持行為，非価格制限行為等は，第1部の対象となる。

また，第3部の第2は，総代理店契約の中で規定される場合であると，供給業者又は総代理店の行為として行われる場合であるとを問わないものであり，総代理店が自らの判断で流通業者に対して行う行為も対象となる。

第1　総代理店契約の中で規定される主要な事項

1　独占禁止法上問題となる場合

(1)　再販売価格の制限

供給業者が契約対象商品について，総代理店の販売価格を制限し，又は総代理店をして契約対象商品をそれから購入して販売する事業者（その事業者から当該商品を購入して販売する事業者を含む。以下「販売業者」という。）の販売価格を制限するようにさせることについては，第1部の第1（再販売価格維持行為）で示した考え方が適用される。

(2)　競争品の取扱いに関する制限

［1］　契約期間中における競争品の取扱制限

供給業者が契約期間中において，総代理店の競争品の取扱いを制限し，又は総代理店をして販売業者の競争品の取扱いを制限するようにさせることについては，第1部の第2の2(1)（取引先事業者に対する自己の競争者との取引や競争品の取扱いに関する制限）で示した考え方が適用される。ただし，契約期間中において，既に総代理店が取り扱っている競争品の取扱いを制限するものでない場合は，原則として独占禁止法上問題とはならない。

［2］　契約終了後における競争品の取扱制限

供給業者が契約終了後において総代理店の競争品の取扱いを制限することは，総代理店の事業活動を拘束して，市場への参入を妨げることとなるものであり，原則として独占禁止法上問題となる。ただし，秘密情報（販売ノウハウを含む。）の流用防止その他正当な理由があり，かつ，それに必要な範囲内で制限するものである場合には，原則として独占禁止法上問題とはならない。

(3)　販売地域に関する制限

［1］　供給業者が契約対象商品について，総代理店をして販売業者の国内における販売地域を制限するようにさせることについては，第1部の第2の3（販売地域に関する制限）で示した考え方が適用される。

［2］　供給業者が総代理店に対し許諾地域（総代理店に一手販売権が付与される地域をいう。

以下同じ。）外において契約対象商品を自ら積極的に販売しない義務を課し，又は総代理店が供給業者をして許諾地域外における当該供給業者の直接の取引先が契約対象商品を許諾地域において自ら積極的に販売しないようにさせることは，原則として独占禁止法上問題とはならない。

（4） 取引先に関する制限

［1］　供給業者が契約対象商品について，総代理店の販売先を制限し，又は総代理店をして販売業者の取引先を制限するようにさせることについては，第1部の第2の4（流通業者の取引先に関する制限）で示した考え方が適用される。

［2］　供給業者が総代理店に対し契約対象商品を自己又はその指定する者からのみ購入する義務を課すことは，原則として独占禁止法上問題とはならない。

（5） 販売方法に関する制限

供給業者が契約対象商品について，総代理店の販売方法を制限し，又は総代理店をして販売業者の販売方法を制限するようにさせることについては，第1部の第2の6（小売業者の販売方法に関する制限）で示した考え方が適用される。

2　独占禁止法上問題とはならない場合

供給業者は，契約対象商品の一手販売権を付与する見返りとして，総代理店に対し，次のような制限・義務を課すことがあるが，これらは原則として独占禁止法上問題とはならない。

　　［1］　契約対象商品の最低購入数量若しくは金額又は最低販売数量若しくは金額を設定すること
　　［2］　契約対象商品を販売するため最善の努力をする義務を課すこと

第2　並行輸入の不当阻害

1　考え方

（1）　総代理店契約が輸入品について行われる場合において，第三者が契約当事者間のルートとは別のルートで契約対象商品を輸入することがある（以下これを「並行輸入」といい，商標権を侵害しないいわゆる真正商品の輸入を前提としている。）。

並行輸入は一般に価格競争を促進する効果を有するものであり，したがって，価格を維持するためにこれを阻害する場合には独占禁止法上問題となる。

（2）　並行輸入品と称する商品が真正商品でなく偽物である場合には，商標権侵害を理由にその販売を差し止めることができる。このほか，次のような場合において，商標の信用を保持

するために必要な措置を採ることは，原則として独占禁止法上問題とはならない。

　　[1]　商品仕様や品質が異なる商標品であるにもかかわらず，虚偽の出所表示をすること
　　　　等により，一般消費者に総代理店が取り扱う商品と同一であると誤認されるおそれの
　　　　ある場合

　　[2]　海外で適法に販売された商標品を並行輸入する場合に，その品質が劣化して消費者
　　　　の健康・安全性を害すること等により，総代理店の取り扱う商品の信用が損なわれる
　　　　こととなる場合

(3)　国内品について並行輸入の不当阻害と同様の行為が行われる場合においても基本的な
考え方は上記と同様であるので，以下の考え方が適用される。

2　独占禁止法上問題となる場合

(1)　海外の流通ルートからの真正商品の入手の妨害

　並行輸入業者が海外の流通ルートから真正商品を入手してくることを妨げて，契約対象商品
の価格維持を図ろうとすることがある。このような行為は，総代理店が取り扱う商品と並行輸
入品との価格競争を減少・消滅させるものであり，総代理店制度が機能するために必要な範囲
を超えた行為である。

　したがって，総代理店又は供給業者が以下のような行為をすることは，それが契約対象商品
の価格を維持するために行われる場合には，不公正な取引方法に該当し，違法となる（一般指
定12項（拘束条件付取引）又は14項（競争者に対する取引妨害））。

　　[1]　並行輸入業者が供給業者の海外における取引先に購入申込みをした場合に，当該取
　　　　引先に対し，並行輸入業者への販売を中止するようにさせること

　　[2]　並行輸入品の製品番号等によりその入手経路を探知し，これを供給業者又はその海
　　　　外における取引先に通知する等の方法により，当該取引先に対し，並行輸入業者への
　　　　販売を中止するようにさせること

(2)　販売業者に対する並行輸入品の取扱制限

　並行輸入品を取り扱うか否かは販売業者が自由に決定すべきものである。総代理店が並行輸
入品を取り扱わないことを条件として販売業者と取引するなど，販売業者に対し並行輸入品を
取り扱わないようにさせることは，それが契約対象商品の価格を維持するために行われる場合
には，不公正な取引方法に該当し，違法となる（一般指定12項又は14項）。

(3)　並行輸入品を取り扱う小売業者に対する契約対象商品の販売制限

　卸売業者が総代理店から仕入れた商品をどの小売業者に販売するかは卸売業者が自由に決定

すべきものである。卸売業者たる販売業者に対し，並行輸入品を取り扱う小売業者には契約対象商品を販売しないようにさせることは，それが契約対象商品の価格を維持するために行われる場合には，不公正な取引方法に該当し，違法となる（一般指定12項又は14項）。

（4）　並行輸入品を偽物扱いすることによる販売妨害

商標権者は，偽物の販売に対しては商標権侵害を理由として，その販売の差止めを求めることができる。

しかし，並行輸入品を取り扱う事業者に対し，十分な根拠なしに当該商品を偽物扱いし，商標権の侵害であると称してその販売の中止を求めることは（注1），それが契約対象商品の価格を維持するために行われる場合には，不公正な取引方法に該当し，違法となる（一般指定14項）。

（注1） このような行為が行われると，当該商品が真正商品であり，並行輸入業者がその旨を証明できるときであっても，当該小売業者は，訴えられること自体が信用を失墜するおそれがあるとして並行輸入品の取扱いを避ける要因となる。

なお，並行輸入品を偽物扱いすることと同様に並行輸入品の販売妨害効果が生じるとして独占禁止法上の問題が指摘されたものとして，次の事例がある。

（具体例）

X社は，A国所在の医療機器メーカーY社が製造する医療機器及び同機器で使用する消耗品の輸入総代理店である。X社が，自社の取り扱う消耗品について，並行輸入品の品質を疑問視するユーザーからの要望もあって，正規輸入品と並行輸入品とを区別するために，当該消耗品に「X社検査済み」のシールを貼ること及び「このボトルの製品はX社の品質管理試験を通ったものであることを証明します。X社の品質管理試験を経ない製品によるデータや機器の責任は負いかねますのでご留意願います。」というシールを貼ることは，並行輸入品を偽物扱いするものではないが，

　［1］　当該消耗品の品質検査や品質管理試験は，メーカーであるY社自身も既に行っているものであり，X社が実施しているのは，消耗品の効能についての抜取り検査程度にとどまるため，独自の品質管理等を行っているかのような印象を与える表示を行うことは，ユーザーに対し，並行輸入品は，品質保証がなされていない旨の誤解を生ぜしめるおそれもあること

　［2］　メーカーであるY社自身が品質管理を行っている真正の並行輸入品であっても，流通過程で並行輸入品に生じた欠陥が原因で本体装置に異常が生じた場合には，X社は保証の責任を負わないのであるから，X社の行為に正当な理由があるとはいえず，むしろ当該シールの貼付が並行輸入品の取引を妨害する手段として用いられるおそれも

否定できないこと

から，並行輸入品を偽物扱いすることと同様，販売妨害効果を生じると考えられ，並行輸入品の取引を妨害する手段として行われる可能性もあるため，独占禁止法上問題となる。(不公正な取引方法に関する相談事例集（平成3年7月〜平成7年3月)「11　並行輸入された消耗品を使用した場合に本体装置の性能を保証しない旨の文書の作成等」)

（5）　並行輸入品の買占め

　小売業者が並行輸入品の販売をしようとすると，総代理店が当該小売業者の店頭に出向いてこれを買い占めてしまい，これによって並行輸入品の取引が妨げられることがあるが(注2)，このような行為が契約対象商品の価格を維持するために行われる場合には，不公正な取引方法に該当し，違法となる（一般指定14項)。

(注2)　小売業者としては，例えば，一般消費者向けに広告しているのに総代理店に買い占められると，その購入を目的に来店した消費者からおとり広告ではないかとのクレームが付き，次の販売についての信用を失うことになる場合がある。また，小売業者にとって並行輸入品を販売しないようにとの心理的圧迫となり，この取扱いを避ける要因となる。

（6）　並行輸入品の修理等の拒否

　総代理店は自己の供給する数量に対応して修理体制を整えたり，補修部品を在庫するのが通常であるから，並行輸入品の修理に応じることができず，また，その修理に必要な補修部品を供給できない場合もある。したがって，例えば，総代理店が修理に対応できない客観的事情がある場合に並行輸入品の修理を拒否したり，自己が取り扱う商品と並行輸入品との間で修理等の条件に差異を設けても，そのこと自体が独占禁止法上問題となるものではない。

　しかし，総代理店若しくは販売業者以外の者では並行輸入品の修理が著しく困難であり，又はこれら以外の者から修理に必要な補修部品を入手することが著しく困難である場合において，自己の取扱商品でないことのみを理由に修理若しくは補修部品の供給を拒否し，又は販売業者に修理若しくは補修部品の供給を拒否するようにさせることは，それらが契約対象商品の価格を維持するために行われる場合には，不公正な取引方法に該当し，違法となる（一般指定14項)。

（7）　並行輸入品の広告宣伝活動の妨害

　並行輸入品の広告宣伝活動の態様によっては商標権を侵害したり，また，広告宣伝の類似性などから総代理店の営業との間に混同が生じて不正競争防止法に違反することがある。このような場合には当該広告宣伝活動の中止を求めることができる。

　しかし，このような事由がないのに，総代理店がその取引先である雑誌，新聞等の広告媒体

に対して，並行輸入品の広告を掲載しないようにさせるなど，並行輸入品の広告宣伝活動を妨害することは，それが契約対象商品の価格を維持するために行われる場合には，不公正な取引方法に該当し，違法となる（一般指定12項又は14項）。

（付） 親子会社・兄弟会社間の取引
　事業者（親会社）が他の事業者（子会社）の株式を所有している場合において，親子会社間の取引又は同一の親会社が株式を所有している子会社（以下「兄弟会社」という。）間の取引が不公正な取引方法による規制の対象となるかどうかという点については，次のとおりである。
　1　親会社が株式の100％を所有している子会社の場合には，通常，親子会社間の取引又は兄弟会社間の取引は実質的に同一企業内の行為に準ずるものと認められ，これらの取引は，原則として不公正な取引方法による規制を受けない。
　2　親会社の株式所有比率が100％に満たない子会社（原則として株式所有比率が50％超）の場合についても，親子会社間の取引又は兄弟会社間の取引が実質的に同一企業内の行為に準ずるものと認められるときには，これらの取引は，原則として不公正な取引方法による規制を受けない。
　3　親子会社間の取引又は兄弟会社間の取引が実質的に同一企業内の行為に準ずるものと認められる場合において，例えば，子会社が取引先事業者の販売価格を拘束していることが親子会社間の契約又は親会社の指示により行われている等，親会社が子会社の取引先である第三者の事業活動を制限する場合には，親会社の行為は不公正な取引方法による規制の対象となる。
　4　上記2及び3において，親子会社間又は兄弟会社間の取引が実質的に同一企業内の行為に準ずるものと認められるかどうかは，
　　〔1〕　親会社による子会社の株式所有の比率
　　〔2〕　親会社からの子会社に対する役員派遣の状況
　　〔3〕　子会社の財務や営業方針に対する親会社の関与の状況
　　〔4〕　親子会社間・兄弟会社間の取引関係（子会社の取引額に占める親会社・兄弟会社との取引の割合等）
等を個別具体的な事案に即して，総合的に判断する。
　なお，親会社（又は子会社）が子会社（又は兄弟会社）以外の取引先事業者に対しても同様の制限を課している場合には，通常は，子会社（又は兄弟会社）に対しても一取引先事業者として制限を課していると認められ，原則として不公正な取引方法による規制の対象となる。

付録 2

フランチャイズ・システムに関する独占禁止法上の考え方について

平成 14 年 4 月 24 日
公正取引委員会
改正：平成 22 年 1 月 1 日
改正：平成 23 年 6 月 23 日

はじめに

　我が国においては，フランチャイザー（以下「本部」という。）とフランチャイジー（以下「加盟者」という。）から構成されるフランチャイズ・システムを用いる事業活動の形態が増加してきているが，最近，従来の小売業及び外食業のみならず，各種のサービス業など広範な分野において活用され，また，当該市場における比重を高めつつある。フランチャイズ・システムは，本部にとっては，他人の資本・人材を活用して迅速な事業展開が可能となり，また，加盟者にとっては，本部が提供するノウハウ等を活用して独立・開業が可能となるという特徴を有しており，今後とも，広範な分野の市場において，フランチャイズ・システムを活用して多くの事業者が新規参入し，当該市場における競争を活発なものとすることが期待されている。

　その一方で，このようなフランチャイズ・システムを用いる事業活動の増加に伴い，本部と加盟者の取引において様々な問題が発生しており独占禁止法上の問題が指摘されることも少なくない。

　公正取引委員会は，本部と加盟者の取引において，どのような行為が独占禁止法上問題となるかについて具体的に明らかにすることにより，本部の独占禁止法違反行為の未然防止とその適切な事業活動の展開に役立てるために，「フランチャイズ・システムに関する独占禁止法上の考え方について」（昭和 58 年 9 月 20 日公正取引委員会事務局）を策定・公表しているところであるが，その後のフランチャイズ・システムを活用した事業活動の増大や各市場におけるその比重の高まり等の変化を踏まえ，以下のとおり改訂し，今後，これによることとする。

1. 一般的な考え方

　（1）　フランチャイズ・システムの定義は様々であるが，一般的には，本部が加盟者に対して，特定の商標，商号等を使用する権利を与えるとともに，加盟者の物品販売，サービス提供その他の事業・経営について，統一的な方法で統制，指導，援助を行い，これらの対価として加盟者

が本部に金銭を支払う事業形態であるとされている。本考え方は，その呼称を問わず，この定義に該当し，下記（3）の特徴を備える事業形態を対象としている。

（2）　フランチャイズ・システムにおいては，本部と加盟者がいわゆるフランチャイズ契約を締結し，この契約に基づいて，本部と各加盟者があたかも通常の企業における本店と支店であるかのような外観を呈して事業を行っているものが多いが，加盟者は法律的には本部から独立した事業者であることから，本部と加盟者間の取引関係については独占禁止法が適用されるものである。

（3）　フランチャイズ・システムにおける取引関係の基本は，本部と加盟者との間のフランチャイズ契約であり，同契約は，おおむね次のような事項を含む統一的契約である。

　　［1］　加盟者が本部の商標，商号等を使用し営業することの許諾に関するもの
　　［2］　営業に対する第三者の統一的イメージを確保し，加盟者の営業を維持するための加盟者の統制，指導等に関するもの
　　［3］　上記に関連した対価の支払に関するもの
　　［4］　フランチャイズ契約の終了に関するもの

　フランチャイズ契約の下で，加盟者が本部の確立した営業方針・体制の下で統一的な活動をすることは，一般的に企業規模の小さな加盟者の事業能力を強化，向上させ，ひいては市場における競争を活発にする効果があると考えられる。

　しかしながら，フランチャイズ・システムにおいては，加盟者は，本部の包括的な指導等を内容とするシステムに組み込まれるものであることから，加盟希望者の加盟に当たっての判断が適正に行われることがとりわけ重要であり，加盟者募集に際しては，本部は加盟希望者に対して，十分な情報を開示することが望ましく，また，フランチャイズ契約締結後の本部と加盟者との取引においては，加盟者に一方的に不利益を与えたり，加盟者のみを不当に拘束するものであってはならない。

（4）　フランチャイズ・システムにおける本部の加盟者募集及びフランチャイズ契約締結後の本部と加盟者との取引に関し，独占禁止法上問題とされる事項を例示すれば以下のとおりであるが，これはあくまでも主たる事項についてのものであり，個々の本部の具体的な活動が独占禁止負に違反するかどうかは個別事案ごとの判断を要するものである。

2.　本部の加盟者募集について

（1）　フランチャイズ本部は，事業拡大のため，広告，訪問等で加盟者を募り，これに応じて従来から同種の事業を行っていた者に限らず給与所得者等当該事業経験を有しない者を含め様々な者が有利な営業を求めて加盟しているが，募集に当たり，加盟希望者の適正な判断に資するため，十分な情報が開示されていることが望ましい。

また，加盟希望者側でも当該フランチャイズ・システムの事業内容について自主的に十分検討を行う必要があることはいうまでもない。

（2）　ア　現在，小売商業におけるフランチャイズ・システムについては，中小小売商業振興法により，特定の目的のため，同法の対象となる本部に対して，一定の事項について情報開示・説明義務が課されており，また，業界において，フランチャイズ契約に関する情報の登録・開示が推進されているが，独占禁止法違反行為の未然防止の観点からも，加盟希望者の適正な判断に資するよう本部の加盟者の募集に当たり，次のような事項について開示が的確に実施されることが望ましい（**注1**）。

[1]　加盟後の商品等の供給条件に関する事項（仕入先の推奨制度等）

[2]　加盟者に対する事業活動上の指導の内容，方法，回数，費用負担に関する事項

[3]　加盟に際して徴収する金銭の性質，金額，その返還の有無及び返還の条件

[4]　加盟後，本部の商標，商号等の使用，経営指導等の対価として加盟者が本部に定期的に支払う金銭（以下「ロイヤルティ」という。）の額，算定方法，徴収の時期，徴収の方法

[5]　本部と加盟者の間の決済方法の仕組み・条件，本部による加盟者への融資の利率等に関する事項

[6]　事業活動上の損失に対する補償の有無及びその内容並びに経営不振となった場合の本部による経営支援の有無及びその内容

[7]　契約の期間並びに契約の更新，解除及び中途解約の条件・手続に関する事項

[8]　加盟後，加盟者の店舗の周辺の地域に，同一又はそれに類似した業種を営む店舗を本部が自ら営業すること又は他の加盟者に営業させることができるか否かに関する契約上の条項の有無及びその内容並びにこのような営業が実施される計画の有無及びその内容

イ　加盟者募集に際して，予想売上げ又は予想収益を提示する本部もあるが，これらの額を提示する場合には，類似した環境にある既存店舗の実績等根拠ある事実，合理的な算定方法等に基づくことが必要であり，また，本部は，加盟希望者に，これらの根拠となる事実，算定方法等を示す必要がある。なお，加盟希望者側においても，フランチャイズ・システムに加盟するには，相当額の投資を必要とする上

[1]　今後，当該事業を継続して行うことを前提に加盟交渉が行われていること

[2]　加盟後の事業活動は，一般的な経済動向，市場環境等に大きく依存するが，これらのことは，事業活動を行おうとする者によって相当程度考慮されるべきものであること

に留意する必要がある。

（注1）　中小小売商業振興法は，同法の対象となる本部が加盟希望者に対して，契約締結前に一定の
事項を記載した書面を交付し，説明することを義務付けているが，独占禁止法違反行為の未然防
止の観点からも，本部は，加盟希望者が契約締結について十分検討を行うために必要な期間を置
いて，上記に掲げるような重要な事項について記載した書面を交付し，説明することが望ましい。

　（3）　本部が，加盟者の募集に当たり，上記（2）に掲げるような重要な事項について，十分
な開示を行わず，又は虚偽若しくは誇大な開示を行い，これらにより，実際のフランチャイ
ズ・システムの内容よりも著しく優良又は有利であると誤認させ，競争者の顧客を自己と取引
するように不当に誘引する場合には，不公正な取引方法の一般指定の第八項（ぎまん的顧客誘
引）に該当する。

　一般指定の第八項（ぎまん的顧客誘引）に該当するかどうかは，例えば，次のような事項を総
合勘案して，加盟者募集に係る本部の取引方法が，実際のものよりも著しく優良又は有利であ
ると誤認させ，競争者の顧客を不当に誘引するものであるかどうかによって判断される。

　　　［1］　予想売上げ又は予想収益の額を提示する場合，その額の算定根拠又は算定方法が合
　　　　　理性を欠くものでないか。また，実際には達成できない額又は達成困難である額を予
　　　　　想額として示していないか。

　　　［2］　ロイヤルティの算定方法に関し，必要な説明を行わないことにより，ロイヤルティ
　　　　　が実際よりも低い金額であるかのように開示していないか。例えば，売上総利益には
　　　　　廃棄した商品や陳列中紛失等した商品の原価（以下「廃棄ロス原価」という。）が含ま
　　　　　れると定義した上で，当該売上総利益に一定率を乗じた額をロイヤルティとする場合，
　　　　　売上総利益の定義について十分な開示を行っているか，又は定義と異なる説明をして
　　　　　いないか。

　　　［3］　自らのフランチャイズ・システムの内容と他本部のシステムの内容を，客観的でな
　　　　　い基準により比較することにより，自らのシステムが競争者に比べて優良又は有利で
　　　　　あるかのように開示をしていないか。例えば，実質的に本部が加盟者から徴収する金
　　　　　額は同水準であるにもかかわらず，比較対象本部のロイヤルティの算定方法との差異
　　　　　について説明をせず，比較対象本部よりも自己のロイヤルティの率が低いことを強調
　　　　　していないか。

　　　［4］　フランチャイズ契約を中途解約する場合，実際には高額な違約金を本部に徴収され
　　　　　ることについて十分な開示を行っているか，又はそのような違約金は徴収されないか
　　　　　のように開示していないか（注2）。

（注2）　フランチャイズ契約において，中途解約の条件が不明確である場合，加盟に当たって加盟希望
者の適正な判断が妨げられるだけでなく，加盟後においても，加盟者はどの程度違約金を負担す
れば中途解約できるのか不明であるために解約が事実上困難となることから，本部は中途解約の

条件をフランチャイズ契約上明確化するとともに，加盟者募集時に十分説明することが望ましい。

3．フランチャイズ契約締結後の本部と加盟者との取引について

フランチャイズ契約においては，本部が加盟者に対し，商品，原材料，包装資材，使用設備，機械器具等の注文先や店舗の清掃，内外装工事等の依頼先について本部又は特定の第三者を指定したり，販売方法，営業時間，営業地域，販売価格などに関し各種の制限を課すことが多い。フランチャイズ契約におけるこれらの条項は，本部が加盟者に対して供与（開示）した営業の秘密を守り，また，第三者に対する統一したイメージを確保すること等を目的とするものと考えられ，このようなフランチャイズ・システムによる営業を的確に実施する限度にとどまるものであれば，直ちに独占禁止法上問題となるものではない。しかしながら，フランチャイズ契約又は本部の行為が，フランチャイズ・システムによる営業を的確に実施する限度を超え，加盟者に対して正常な商慣習に照らして不当に不利益を与える場合には，独占禁止法第2条第9項第5号（優越的地位の濫用）に，また，加盟者を不当に拘束するものである場合には，一般指定の第10項（抱き合わせ販売等）又は第12項（拘束条件付取引）等に該当することがある。

（1）　優越的地位の濫用について

加盟者に対して取引上優越した地位（注3）にある本部が，加盟者に対して，フランチャイズ・システムによる営業を的確に実施する限度を超えて，正常な商慣習に照らして不当に加盟者に不利益となるように取引の条件を設定し，若しくは変更し，又は取引を実施する場合には，フランチャイズ契約又は本部の行為が独占禁止法第2条第9項第5号（優越的地位の濫用）に該当する。

（注3）　フランチャイズ・システムにおける本部と加盟者との取引において，本部が取引上優越した地位にある場合とは，加盟者にとって本部との取引の継続が困難になることが事業経営上大きな支障を来すため，本部の要請が自己にとって著しく不利益なものであっても，これを受け入れざるを得ないような場合であり，その判断に当たっては，加盟者の本部に対する取引依存度（本部による経営指導等への依存度，商品及び原材料等の本部又は本部推奨先からの仕入割合等），本部の市場における地位，加盟者の取引先の変更可能性（初期投資の額，中途解約権の有無及びその内容，違約金の有無及びその金額，契約期間等），本部及び加盟者間の事業規模の格差等を総合的に考慮する。

ア　フランチャイズ・システムにおける本部と加盟者との取引において，個別の契約条項や本部の行為が，独占禁止法第2条第9項第5号（優越的地位の濫用）に該当するか否かは，個別具体的なフランチャイズ契約ごとに判断されるが，取引上優越した地位にある本部が加盟者に対して，フランチャイズ・システムによる営業を的確に実施するために必要な限度を超えて，

例えば，次のような行為等により，正常な商慣習に照らして不当に不利益を与える場合には，本部の取引方法が独占禁止法第2条第9項第5号（優越的地位の濫用）に該当する。

（取引先の制限）

• 本部が加盟者に対して，商品，原材料等の注文先や加盟者の店舗の清掃，内外装工事等の依頼先について，正当な理由がないのに，本部又は本部の指定する事業者とのみ取引させることにより，良質廉価で商品又は役務を提供する他の事業者と取引させないようにすること。

（仕入数量の強制）

• 本部が加盟者に対して，加盟者の販売する商品又は使用する原材料について，返品が認められないにもかかわらず，実際の販売に必要な範囲を超えて，本部が仕入数量を指示し，当該数量を仕入れることを余儀なくさせること。

（見切り販売の制限）

• 廃棄ロス原価を含む売上総利益がロイヤルティの算定の基準となる場合において，本部が加盟者に対して，正当な理由がないのに，品質が急速に低下する商品等の見切り販売を制限し，売れ残りとして廃棄することを余儀なくさせること（**注4**）。

（注4） コンビニエンスストアのフランチャイズ契約においては，売上総利益をロイヤルティの算定の基準としていることが多く，その大半は，廃棄ロス原価を売上原価に算入せず，その結果，廃棄ロス原価が売上総利益に含まれる方式を採用している。この方式の下では，加盟者が商品を廃棄する場合には，加盟者は，廃棄ロス原価を負担するほか，廃棄ロス原価を含む売上総利益に基づくロイヤルティも負担することとなり，廃棄ロス原価が売上原価に算入され，売上総利益に含まれない方式に比べて，不利益が大きくなりやすい。

（フランチャイズ契約締結後の契約内容の変更）

• 当初のフランチャイズ契約に規定されていない新規事業の導入によって，加盟者が得られる利益の範囲を超える費用を負担することとなるにもかかわらず，本部が，新規事業を導入しなければ不利益な取扱いをすること等を示唆し，加盟者に対して新規事業の導入を余儀なくさせること。

（契約終了後の競業禁止）

• 本部が加盟者に対して，特定地域で成立している本部の商権の維持，本部が加盟者に対して供与したノウハウの保護等に必要な範囲を超えるような地域，期間又は内容の競業禁止義務を課すこと。

イ　上記アのように個別の契約条項や本部の行為が独占禁止法第2条第9項第5号（優越的地位の濫用）に該当する場合があるほか，フランチャイズ契約全体としてみて本部の取引方法が同項に該当すると認められる場合がある。フランチャイズ契約全体としてみて本部の取引方法が独占禁止法第2条第9項第5号（優越的地位の濫用）に該当するかどうかは，個別具体的な

フランチャイズ契約ごとに判断されるが，上記アに例示した事項のほか，例えば，次のようなことを総合勘案して判断される。

　　　［１］　取扱商品の制限，販売方法の制限については，本部の統一ブランド・イメージを維持するために必要な範囲を超えて，一律に（細部に至るまで）統制を加えていないか。

　　　［２］　一定の売上高の達成については，それが義務的であり，市場の実情を無視して過大なものになっていないか，また，その代金を一方的に徴収していないか。

　　　［３］　加盟者に契約の解約権を与えず，又は解約の場合高額の違約金を課していないか。

　　　［４］　契約期間については，加盟者が投資を回収するに足る期間を著しく超えたものになっていないか。あるいは，投資を回収するに足る期間を著しく下回っていないか。

（２）　抱き合わせ販売等・拘束条件付取引について

　フランチャイズ契約に基づく営業のノウハウの供与に併せて，本部が，加盟者に対し，自己や自己の指定する事業者から商品，原材料等の供給を受けさせるようにすることが，一般指定の第10項（抱き合わせ販売等）に該当するかどうかについては，行為者の地位，行為の範囲，相手方の数・規模，拘束の程度等を総合勘案して判断する必要があり，このほか，かかる取引が一般指定の第12項（拘束条件付取引）に該当するかどうかについては，行為者の地位，拘束の相手方の事業者間の競争に及ぼす効果，指定先の事業者間の競争に及ぼす効果等を総合勘案して判断される。

（３）　販売価格の制限について

　販売価格については，統一的営業・消費者の選択基準の明示の観点から，必要に応じて希望価格の提示は許容される。しかし，加盟者が地域市場の実情に応じて販売価格を設定しなければならない場合や売れ残り商品等について値下げして販売しなければならない場合などもあることから，本部が加盟者に商品を供給している場合，加盟者の販売価格（再販売価格）を拘束することは，原則として独占禁止法第２条第９項第４号（再販売価格の拘束）に該当する。また，本部が加盟者に商品を直接供給していない場合であっても，加盟者が供給する商品又は役務の価格を不当に拘束する場合は，一般指定の第12項（拘束条件付取引）に該当することとなり，これについては，地域市場の状況，本部の販売価格への関与の状況等を総合勘案して判断される。

著者

野木村　忠度（1979- ）
（の ぎ むら　ただのり）

　千葉商科大学商経学部准教授。　博士（商学）。

　2009年明治大学大学院商学研究科博士後期課程修了。

　明治大学商学部助教などを経て，2018年より現職。専門は，流通政策論，商業学，マー
　ケティング論。

流通と法〔新版〕

2019年4月4日　初版第1刷発行
2021年4月4日　新版第1刷発行

著者Ⓒ　野木村忠度

発行者　苧野圭太
発行所　尚 学 社
〒113-0033　東京都文京区本郷1-25-7　電話(03)3818-8784
http://www.shogaku.com/

ISBN978-4-86031-167-4　C1033　　　　　　　　　組版／ACT·AIN　印刷·製本／ベクトル印刷